聖なる婚活へようこそ

水谷 潔

Kiyoshi Mizutani

装丁　のだますみ

はじめに　～聖なる婚活へようこそ

学生や青年を対象とした働きの中で、結婚について近年、痛感していることがいくつかあります。一般社会同様、結婚したがらない男性や、結婚をできるだけ先送りにしようとする男性たちの増加。ますますボリュームアップする「出会いがない」「いい人がいない」と訴える女性たちの声。クリスチャン男性との結婚を願いながら、そのための具体的努力を何もしないまま、未信者男性と結婚していく女性たち。「結婚したいのだけれど、何をどうすればいいかわからない」との葛藤の声や「教会はクリスチャンと結婚しましょうと言うだけで、誰も何もしてくれない」という本音を聞くこともしばしば。

そこで提案したいのが、「聖なる婚活」です。キリスト教会にあっても、結婚を願うクリスチャンの周囲は大きく変化しています。とりわけクリスチャンと結婚をするためには、積極的で具体的な努力が必要となってきています。もちろん、「聖なる婚活」ですから、神なき世の婚活とは異なります。その努力とは、聖書的な結婚観と神様への祈りに基づくものです。

悲観的と思える状況があるのは事実でしょうが、努力の必要性を認めて、実行に移せば、クリスチャンとの結婚の可能性は、飛躍的に高まります。結婚にふさわしく成熟したクリスチャンが、信仰をもって勇気ある一歩を踏み出せば、意外と道は開けるものです。

また、誰も何もしてくれないわけではありません。クリスチャンカップルの誕生を願い、結婚の支援をする働きが日本全国で広がっています。そうした助けも受けながら、信仰の一歩として積極的な努力をしてゆけば、道は開かれます。近年は、私自身もリアルな婚活の現場に集う青年たちとの出会いも増え、積極的で具体的な努力をすることの重要性をますます実感しています。

本書では「聖なる婚活」の必要性を訴え、その基本となる聖書の結婚観を示し、それに基づく「価値転換」をチャレンジします。特に、クリスチャンとの結婚に向けて自分を整えていくことに主眼を置いています。結婚に相応しい成熟ができるようお手伝いをさせていただきます。

また、余計なお世話とは思いましたが、典型的な落とし穴を知ってもらい、不必要な回り道を避けられたらと願い、第五章では、「結婚を願う神の民への十戒」を提示しました。


本書は、確実に痛いです。

そして、多分、役に立ちます。（おい、多分かい！）

しかも面白いだろう……と思います。


自分自身に向き合う痛み、厳しい現実に向き合う痛みなくして、役に立つことはないとの思いから、本書を記しました。厳しい課題を指摘することも、地雷を踏んでしまうこともあるかしれません。

また、「むしろ、愛をもって真理を語り、あらゆる点において成長し」（エペソ四・一五）とあるように、愛をもって痛いことをお伝えしています。本書ではその愛をユーモアとして表現しています。「痛くて面白い」を目指していますので、厳しい指摘も、愛の故との信頼をもって、笑いながら受け止めていただければ助かります。
最終的な目的は役に立つことです。結婚について学ぶことは本書の目的ではありません。本書の目的は、「クリスチャンとの結婚について祈ったり学んだりしているけど、具体的努力はしていない」という方々が、本書を通じて、「信仰の一歩」を踏み出すことです。

お役に立ちたいのは、結婚を願う当人に対してだけではありません。「教会の次世代に祝福された結婚をしてほしい」と願う上の世代の読者にとっても、本書が一助となれば感謝なことです。いまどきクリスチャンの恋愛傾向、結婚を取り巻く状況の変化を知っていただき、温かな理解をもって、当人たちの背中を押して「聖なる婚活」に向かわせていただければと願っています。

では、読むは痛いが役に立つ「聖なる婚活」へようこそ。

目次

第１章 クリスチャンも婚活の時代？

キリスト教会も婚活時代

「婚活」という耳新しい言葉が登場してきたのは、十年近く前のこと。「就職活動」を「就活」と略すように「結婚活動」を略したのが「婚活」。結婚相手を見つけるための積極的な活動を意味するこの言葉は、二〇〇七年に社会学者の山田昌弘教授とジャーナリストの白河桃子さんが提唱したものだそうです。その翌年にあたる二〇〇八年に発売されたお二人の共著『「婚活」時代』（ディスカヴァー携書）がベストセラーとなり、「婚活」は浸透し、今やすっかり定着しています。

以前に比べれば、地域社会や職場における人間関係はかなり希薄になっています。近所の世話好きおば様や職場の面倒見のよい上司が結婚相手を世話するような時代ではなくなりました。若者たちは草食化して、結婚どころか、恋愛にさえ積極的でなくなっています。大手結婚相談所の楽天オーネットが新成人の男女に行った「恋愛・結婚に関する意識調査」によれば、「現在交際している人がいる」と答えた人の割合は、一九九六年の五〇・〇％をピークに下がり続け、二〇一一年には二三・〇％に。その後、上昇傾向に転じ、二〇一八年には三一・五％となっていますが、それでも以前に比べれば若者の恋愛離れは顕著と言えるでしょう。

こうした社会や時代といった外的変化や青年層の内的変化などが、婚活の必要性を生み出したようです。そして、その変化の波は、キリスト教会にも、間違いなく押し寄せています。従来の「伴侶紹介」とは異なる方法で、クリスチャンが結婚相手と出会うケースが急増中。伴侶紹介については、個人レベルではなく、結婚支援団体など組織化された働きが各地で次々とスタートしています。また、教団・団体や結婚支援団体が主催する「出会いの場」も、都市部ではよく開催されるようになりました。

婚活は不信仰？

一方で、人間的な努力をすることを、「信仰的でない」と考える向きも、まだまだキリスト教会にはあるようです。「忠実な教会生活を送り、祈っていれば、結婚相手は神様が与えてくださる」というのが信仰的と考えているクリスチャンも少なくないのでは？　実際には、そのようにしていれば、周囲の誰かが結婚のお世話をしてくれるような状況は十年以上前からなくなってきているのに……。

私は結婚セミナーなどでは、そうした信仰観を「聖なる幻想」「教会都市伝説」と名づけて、粉砕しています。これを壊さないと「聖なる婚活」は始まりません。なぜなら、一見信仰的と見えるこの考え方こそが、クリスチャンたちを具体的努力から遠ざけ、結婚への道を閉ざしてしまっていると考えるからです。

創世記二五章が描いているイサクとリベカの出会いは、まさに人間側の「探す」という具体的努力の向こうに、神様の導きによる出会いが実現したお話でしょう。いわゆる「イサクの嫁探し」などは、「元祖婚活」と呼んでも、おかしくないと思うのです。

信仰の父、アブラハムは、地域の娘（偶像礼拝者ばかり）との結婚を避けて、真の神を礼拝する自身の生まれ故郷で、息子の結婚相手を探そうとします。そのために、全財産を任せていた最年長のしもべエリエゼルを遣わします。これは今で言えば、地域の未信者女性との結婚を避けて、真の神を礼拝するクリスチャン女性を探すために、信頼できる仲介者に委託するようなこと。その意味で、今日の結婚支援団体や伴侶紹介システムは「現代版エリエゼル」だと思うわけです。いつの世も「人は神の手段」であることに変わりはないでしょう。

しかし、組織的な紹介や支援団体などを「人間が介入する手段は信仰的でない」と考える方もちらほら。そうした考え方こそ、逆に「信仰的でないのでは？」と感じてしまう私です。「世の中の方法を用いるのは聖書的ではない」との見解もあるようですが、地位のある人物がしもべに命じて息子の結婚相手を探すのは、当時の世の中では、一般的な方法であったに違いありません。

探す必要、たたく必要

「求めなさい、探しなさい、たたきなさい」と聖書にあるように、多くの場合、祈って「求める」だけでなく「探す」「たたく」という具体的な努力を通じて、神様は男女を結婚に導かれます。むしろ、本気で祈り求めているのなら、その祈りと願いは、紹介やお見合いの依頼、出会いの場への参加、結婚支援団体への登録など、「探す」努力に結びつくはずです。きっと、神様が結びつくように願われ、働いてくださることでしょう。さらに、導きと思える異性がいるなら、男女関係なく、秩序を重んじ、知恵をもって賢くアプローチして、心のドアを「たたく」ことも、為すべき努力の一つではないかと思っています。

「探す」「たたく」に相当する「積極的で具体的な努力」に向かっていくのが「聖なる婚活」ですが、その基本となるのは、聖書の結婚観です。そこでまず、聖書の結婚観を確認しましょう。

結婚についての基本的みこころ

本書のベースとなる聖書の言葉は、創世記の二章二四節です。

「それゆえ男はその父母を離れ、妻と結び合い、ふたりは一体となるのである」（『聖書 新改訳』〔第三版〕）

聖書が記す神様のお働きを、時系列で大きくまとめると「創造、堕落、回復、完成」となるでしょうか。まずはじめに、神様は被造物として世界を「創造」されました。これが創世記一、二章にあたります。しかし、三章で、罪によって全被造物は「堕落」してしまいます。それでも、愛なる神様は被造物の「回復」を願われました。そのための最終手段として、神様はご自身のひとり子さえ惜しまず与えられました。二千年前に御子イエス・キリストが来られて、全被造物の回復は決定済みとなったのです。その初穂が人間です。そして、再びイエス様は来られ、この世界を「完成」されます。以上が、聖書全体が示す神様のお働きと言えるでしょう。この全体性の中で、結婚を考えてみましょう。

罪による堕落が始まる創世記三章より前に位置する創世記の一章と二章は、神様のみこころが、完全にこの地上に実現した世界を描いています。そして、人類最初の結婚、アダムとエバの結婚に際しての言葉が、創世記二章二四節です。ここには、結婚についての神様のみこころが明確に示されています。

ですから、神様と出会ったクリスチャンは、創世記三章以降の罪の影響の中にありながらも、イエス・キリストによる贖《あがな》いによって、創世記二章二四節が示す本来の結婚へと回復の道をたどることができる者へと変えられているのです。まず、その恵みと特権を喜びたいと思います。

ここに記されている神様のみこころは三つあります。一つ目は「父母を離れ」とあるように、親からの自立です。これが次の「結び合い」の前提となります。結婚の前提は、親からの自立です。その神様のみこころは、明らかでしょう。親から自立した後に結婚することです。

二つ目は、「結び合い」という言葉です。これは社会的概念をもつ言葉で、男女が強く結びつけられ、共に生きることを意味します。これは、結婚生活、夫婦としての歩みと言い換えてもよいでしょう。
三つめ目の「一体となる」は性的な意味をもつ言葉です。「体」と訳されている言葉は、「肉体」だけではなく、「全身全霊」を意味します。ですから、「一体となる」とは「一心同体となる」ことです。この言葉は結婚した男女の性生活を意味しますが、それは単なる肉体的な結合ではなく、心も体も一つにする究極の全人的交わりを意味します。「夫婦の絆づくり」と言い換えてもよいかもしれません。

これが、結婚についての神様のみこころの基本です。それでは、ここからは「父母を離れ」「結び合い」「一体となる」という三つのポイントで、「聖なる婚活」を見てゆきましょう。まわり道のように思えても、聖書の原則に立つことが、ゴールに達する最短距離。聖書のことばから見えてくるのは、相手選びの基準、自分自身の課題、為すべき努力、そして、神様にある希望です。

第２章　「父母を離れ」―結婚の前提は自立

結婚の前提としての親離れ

「父母を離れ」と聖書は、親を離れることが「結び合い」が示す結婚生活の前提であることを明言しています。いわば「親離れ」、堅い言葉で言い換えれば「親からの心理的分離」が結婚の前提条件なのです。そうです。結婚とは自立した者同士の協力関係です。間違っても依存関係ではありません。「結婚して所帯をもったら一人前」ではありません。「親を離れて一人前になってから」結婚するのです。

数式に例えるなら、１／２＋１／２＝１ではなく１＋１＝１なのです。半人前同士が結婚すれば、一人前になるのではありません。親を離れた一人前同士が、心と体を一つにするのです。

ですから、結婚相手に甘えることは許されますが、甘ったれることは許されません。支えてもらうことはあっても、もたれかかることがあってはなりません。結婚生活は二人が支え合って生きることですが、つねに、親からの自立が問われる厳しい関係でもあります。

このことをお話しすると、クリスチャン青年たちからよく出てくるのは、「結婚前にどの程度、自立していればいいのですか」という質問です。私は「一〇〇パーセントである必要はありません。でも、だいたい八〇パーセント程度の自立度は必要かと思います」と答えています。

実は多くのクリスチャンは、結婚してから親との関係の変化の中で、自分の親子関係を振り返り、達成できていない親離れに気づくものです。また、結婚相手との関係において自立不足を突きつけられることもあり、そこでいよいよ自立度を高める必要を覚えます。ですから、結婚前に八割を達成して、結婚後に残りの二割を達成すればいいかなと考えているわけです。

自立不足がもたらすマイナス

実際に親からの心理的分離が不足していると、そのことは結婚生活にさまざまなマイナスをもたらします。たとえば、夫が妻に対して母親の代理機能を要求してしまい「私はあなたのお母さんじゃないわ」と言われてしまうのはよくある話。子離れできない親ですと、結婚後も子どもの結婚生活に介入しかねません。そうしたとき、当人の側も親離れできていないと、結婚相手より親の意向を優先しようとして、夫婦の信頼関係を壊してしまいます。「自分と話し合わないで、親の言いなりなんて……」と不信感を抱くわけです。

日本の場合、気をつけてほしいのは、嫁と姑の関係です。嫁と姑の問題は、夫、つまり男性側がはっきりと聖書の価値観に立って歩めばいいのです。「創世記二章二四節にあるとおり、自分は母ちゃんを離れて、妻と一つになったんだ。母ちゃんと妻とどっちを取るかと言われたら、母ちゃんには悪いけど、妻を取るのが神様のみこころだろ？　だから、自分はみこころに従うんだ」。みことばに立って「母より妻」という優先順位に歩めば、嫁と姑の関係が結婚に大きなダメージを与えることはなくなるでしょう。

私は結婚したクリスチャン男性たちには「夫はスイスじゃないぞ！」と喝を

入れています。スイスは永世中立国です。どの国とも同盟を結ばず、どの国とも戦争をしません。夫たちがスイスのように母親にも妻にもいい顔をしようとするから、嫁姑問題はややこしくなるのです。聖書が示す神様のみこころに立って、はっきりと「母より妻」という優先順位を示せばいいのです。「どちらも大切」なのですが、「どちらがより大切なのか」を明らかにすることです。

国際関係に例えるなら、夫は「永世中立国」ではありません。母親は何ですか？　母親は以前は、「母国」でした。しかし、今や父母を離れた夫は「独立国」で、母親は「元母国」となったのです。そして、「妻と結び合い一体」となったのですから、自分と妻は「同盟国」ではなく、「同一国」です。では、母と妻が対立関係になったら？　「元母国」は――「敵国」です！

ですから、母と妻が対立したら、夫はつねに妻の味方です。同一国なのですから。同一国家で「内戦」をするなど、愚の骨頂です。そこで、こんな疑問も沸き起こるでしょう。「でも、母親が正しくて妻が間違っていたら、どうするんですか」。答えは簡単、たとえ、母が正しく妻が間違っていたとしても、夫は妻の味方をするのです。

「母ちゃん、妻が間違っていた。ぼくも妻と一緒に謝るよ」と言うのです。きっと、母親は創世記二章二四節の真理を実体験し、やがては、息子が嫁ののだと悟るでしょう。そして妻は、自分のほうが間違っているのに味方をして、自分の過ちのように謝る夫の姿に胸を打たれ、心から信頼することでしょう。妻は、頼りないと思っていた夫に惚れ直すかもしれません。

日本では、今も女性の側が親元を離れ、仕事を辞して地元の友人と別れ、所属教会も後にして、夫のもとにやってくることが多いのです。たった一人で、夫となる男性を信頼して、飛び込んでくるのです。それなのに、その夫が自分と母親どちらの味方かわからないとしたらどうでしょう。男性の皆さんは、妻たちの思いを胸に、創世記二章二四節のことばに生きてほしいと願います。

このことは女性の側も同様でしょう。こんな話を聞いたことがあります。新婚旅行から帰った夫婦が、妻の実家に挨拶に訪ねます。父親は娘にこう語ったそうです。「これから一年間、この家に来るときは夫婦二人で来なさい。一人で来てはいけません」。

これは、娘の親への甘えを断ち切り、夫婦が向き合うことを願った言葉に違いありません。結婚間もない娘が実家に帰れば、同じ立場の母と、夫の愚痴の言い合いになりかねません。そうなれば、夫に向けるべき不満や怒りを母親への愚痴で解消するだけで、夫と向き合わなくなります。夫に適切な言葉と方法で、不満や怒りを伝えて、夫婦が本気モードで課題克服を試みなくなるなら心配です。女性の側も親への依存心や甘えが、向き合えない夫婦を作りかねない危険性を自覚してほしいものです。

聖書が示す結婚前の親離れの事例

聖書には、結婚前に親離れをして、自立するように神様から取り扱われた人物がいます。それは、イサクとリベカ夫妻の次男、ヤコブです。父イサクのエサウに対する偏愛のために、母リベカの愛は父の愛を受けられないヤコブに注がれます。その愛は、現代で言えば「過保護」「過干渉」であり、リベカとヤコブの親子関係は「母子密着」と呼べるものでした。ヤコブは大人の年齢になっても、「自分で決めて、自分で実行し、自分で責任を取ること」をしませんでした。「母が決めて、自分が実行し、母が責任を取る」という歩みをしていたのです。母親の意向に沿って生きながら、母親に尻拭いをさせていたのです。

母親からの心理的未分離は、信仰面でも彼の自立を阻んでいました。創世記二八章によれば、ヤコブが母親を離れてしばらくした日の夜、ベテルで神様に出会います。神様にしてみれば、ヤコブと出会うためには彼を母親から強制分離させる必要があったのでしょう。母子密着がヤコブと神様との出会いを妨げていたようです。なぜなら、信仰継承とは、（特に思春期以降は）わが子を親である自分から離れさせて、神様と出会わせることにほかならないからです。

その後、ヤコブはブラック企業「ラバン牧場」に就職。ラケルとの結婚を条件に結ばされた七年間の労働契約期間に、彼はいよいよ親を離れて自立したことでしょう。そして、労働契約七年延長を目論んだラバンの罠にはまるのですが、愛してやまないラケルと結婚をします。

どうでしょう。「親からの分離→神様との出会い→社会参加→結婚」という順番は、とても現代的ではないでしょうか。いいえ、創世記の示すこの順番は、二十一世紀の日本に生きる親と子こそが学ぶべき普遍的な真理ではないでしょうか。

残念ながら、親からの心理的未分離によって、神様との出会いを妨げられ、社会参加を困難にされ、結婚に向けて整えられることのないクリスチャンホームの子どもは珍しくないように感じています。そうした現状を覚えるとき、いよいよ、イサク一家の不健全な親子関係を反面教師として、自らの親子関係を省みることが「聖なる婚活」の第一歩のように思えてなりません。

「親からの分離→神様との出会い→社会参加→結婚」、これを一つの標準として、自分がどこまでどの程度達しているか、あるいは、どこで躓《つまず》いているかをチェックしてみてはどうでしょうか。

自立度向上こそ最高の結婚準備

そういうわけで、親からの心理的分離を促進すること、自立度向上こそ、最高の結婚準備なのです。世間では、恋愛経験が結婚の準備になるかのように言われていますが、必ずしもそうではありません。特に、好きになったらつき合って、嫌になったらすぐに別れるような安易な恋愛は結婚の準備にはなりません。それどころか、そうした恋愛を繰り返しているとパターン化してしまい、その延長線上で結婚も「好きになったらして、嫌になったら別れる」ことになりかねません。

そのことは、芸能人たちの恋愛とその後の結婚を見れば明らかです。多くの異性と次々とつき合い、短い期間で別れる人は結婚が破たんする場合が多く、特定の異性と長く交際して結婚に至った場合は、上手くいく傾向があるのではないでしょうか。それは、私たち一般人も同じこと。

考えてみましょう。究極の選択です。「百回の幸せな恋愛をして、結婚が破たん」「一度も恋愛経験がなくて、幸せな結婚」どちらを選びますか。恋愛も神様の恵みでしょうが、聖書の基準で見れば、「結婚の準備体操」のようなもの。恋愛しまくりのモテモテ男女は、「準備体操の達人」に過ぎません。結婚の名選手ではないのです。そう考えると、羨ましいどころか、ゲーム前に故障しないかと心配になりませんか。「いいかげん、試合に出ろよ！ 勝負しろよ！」と言いたくなりませんか。

また、安易な恋愛をするよりも、社会参加を果たし、責任ある仕事をして職場の人たちと信頼関係を築いていくことのほうが、よっぽど結婚の準備になるように思います。なぜなら結婚は、相手に対して重大な責任を果たし、相手と信頼関係を築き上げていく世界だからです。

男性の皆さんは、教会の姉妹たちから「〇〇君はイケメンで優しいけど、信頼できない」と言われたいですか。それとも「〇〇君はちょっとダサくて頼りないけど、神様への姿勢が尊敬できる。ありかな」と言われたいでしょうか。

女性の皆さんは、兄弟たちから「〇〇さんは可愛いんだけど、あの性格はちょっと」と言われたいですか。「〇〇さんはタイプじゃないけど、彼女と一緒に神様を見上げていけたらいいなと思う」と言われたいですか。やはり、恋愛対象と結婚対象はまったく違うと思うのです。

その意味で、恋愛と結婚は似ているようで似ていません。逆に、職業生活と結婚生活は似ていないようで似ているのです。ですから、置かれた場所で与えられた仕事に忠実に励み、周囲にも信頼される歩みをしながら、結婚に備えてほしいと願います。生きて働かれる神様もそんなクリスチャンをご覧になり「準備完了」と判断し、結婚へと導かれることでしょう。

そうです。恋愛経験は少なくても、大丈夫！「つき合ったことないから」との心配も無用！　教会の交わりや、普段の友人関係の中で異性を観察し、異性理解を深めて、信頼関係を築きながら結婚後の夫婦関係をイメージしていけば、それは恋愛経験以上に有効な結婚の準備体操となっていきます。

結婚相手の自立度チェック

ここまでは、自分についての自立度チェックになったかと思いますが、自立度チェックは当然、結婚相手についても必要となります。

たとえば、デート中に「母さんがね」とうれしそうに頻繁に話す男性はちょっと心配です。「好きな食べ物は」と尋ねると「そうだな～、ママの作ったハンバーグかな」と答える男性……かなり心配です。というか、考え直したほうがいいでしょう。

また、婚約前には、必ず相手の親にお会いして、親子関係を観察することをお勧めします。相手の親子関係が不健全で、結婚に大きな不安を抱いた場合、婚約前なら結婚を断念しても比較的浅い傷で済みます。しかし、婚約後となれば婚約破棄のダメージは小さくありません。だからといって、大きな不安を抱えたまま結婚生活を始めてしまうと、多くの場合、その不安は的中します。

たとえば、自分の親が彼に質問すると、彼の母親が当人に代わって返答するとしましょう。その場合、おそらく、彼の母親は子離れができていません。ですから、彼が親離れできているか、慎重にチェックをしたほうがいいでしょう。

自分の親が彼女に質問すると、彼女は母親の顔色を見ながら返答して、返答し終わると必ず母親の反応をうかがうという場合、「支配と依存」という母娘関係が予想されます。これはかなりの不安要素です。

結婚相手を判断する際は、相手個人が「どういう人か」だけでなく、「親とはどういう関係か」を見極めることです。自分と二人きりの関係では見えてこなかった不安要素や課題が、親と一緒の場面で見えてくることがあるのです。

私は結婚相手の不健全な親子関係から婚約を破棄したカップル、結婚後に相手の親子関係に起因する問題で苦悩するクリスチャンを多く見てきました。そんな経験から、老婆心ながら具体的な提案をしてみました。

「一撃必殺婚」のススメ

というわけで、「父母を離れ」と聖書が示すとおり、自立度向上こそが最高の結婚準備になるのです。恋愛経験のあるなしや多いか少ないかは、幸せな結婚とは直接関係ないと考えてほしいのです。

そこで、具体的提案としてお勧めしたいのが「一撃必殺婚」です。それは、「一発で仕留める結婚」「一人目で決める結婚」です。具体的に言えば、初めてつき合った人とする結婚、結婚する人とだけつき合うという恋愛のあり方です。

その昔、当時の人気テレビ司会者が、ある外国人美人タレントをいじるのを観たことがあります。その司会者は関西弁で訴えます。「皆さん、聞いてください。こいつ、おかしいです。自分は初めてつき合った人と結婚する。結婚する人としかつき合わないと言うてるんです。何事も経験を積んで判断力がつくもんです。いろんな男性とつき合うてみて、初めてどんな男性がいいかわかるようになるんやろーが。それなのに、こいつは結婚する人としかつき合わない、初めてつき合った人と結婚する言うてるんですわ。おかしいでしょう？」。記憶は定かではありませんが、だいたいこんな言葉だったと思います。

それに対して彼女はひるむことなく、堂々とテレビの視聴者に向かって「私は結婚する人としかつき合いません。初めてつき合った人と結婚します」と宣言していました。「芸能人にもこんな恋愛観、結婚観をもつ人がいるのだな」と感心しました。そしてその数年後、彼女は二十九歳で同国人男性と結婚します。

この外国人美人タレントは、クリスチャンではないかと思い、ネットで検索しました。予想どおり彼女はクリスチャンでした。結婚相手はクリスチャン実業家で、母国のキリスト教会で挙式をしていると判明したのです。

おそらく、彼女はクリスチャンとして「大切なのは結婚、恋愛や交際は結婚のため」と教えられ、結婚を真剣に願わない男性との交際はしないことに決めていたのでしょう。その一方で、言い寄ってくる大勢の男性を袖にしながら、冷静に男性を観察し、着々と「男を見る目」を養ってきたのだろうと予想します。


「恋愛経験者＝勝ち組」のような風潮にあって、安易な恋愛をせず、結婚を目指して真剣交際限定で歩むことは、きっと神様が喜ばれることだと思います。それは当人にとっても幸せな結婚に結びつく選択でしょうし、周囲の未信者には実にインパクトのある証しとなるのではないでしょうか。

もちろん、結婚前に恋愛経験があってはならない、結婚相手以外との交際は避けるべきという意味ではありません。それぞれの立場で「一撃必殺婚」を参考に、結婚に至るまでのプロセスを考えてみてはどうかと思い、提案してみました。

第3章
「結び合い」――出会いより結婚後の生活

この章では「結び合い」という言葉から、聖書の結婚観を確認して、それに相応しい結婚準備を考えてみましょう。

結婚の実質と本質は?

結び合いという言葉は、社会的概念をもつ言葉だそうです。強い結びつき、神様が結びつけてくださる絆をもって、男女が共に日々生活していく歩み、それが結婚です。わかりやすく言えば「結婚」とは「結婚生活」です。

「結婚生活」という言葉はありますが、「恋愛生活」という言葉はありません。恋愛と結婚の大きな違いの一つは、「生活かそうでないか」にあります。結婚の実質は、荘厳な雰囲気の結婚式でも、喜びあふれる披露宴でも、幸せいっぱいの新婚旅行でもありません。結婚の実質とは、結婚式の後に何十年と続くであろう、リアルな現実生活なのです。「結び合い」ながら生きる、日々の歩みなのです。

また、結婚は契約です。生涯を共に生きるなら、相手に対して重大な責任が伴います。結婚式の中心は誓約です。神様と会衆を証人として、契約を守ることを約束するのです。「婚姻届」はありますが、「恋愛届」はありません。恋愛は契約関係ではありませんが、結婚は信仰的にも法律的にも契約なのです。ですから、役所に届け出るのです。

そう、結婚の実質は「結婚生活」で、その本質は「契約」です。

出会いより結婚生活

そこで、結婚を願う方々には、考えてほしいことがあります。結婚が契約を伴う実生活であるなら、大切なのは結婚相手との出会いより、結婚後の生活だということです。「出会い」は大切ですが、「結婚生活」はそれよりはるかに大切。よく考えれば、当たり前のことです。理想の人と出会うために結婚するのではなく、祝福された幸せな結婚生活を送るために結婚するのですから。

また、「誰と結婚するか」が結婚をかなり決めるでしょうが、さらに決定的なのは「結婚後にどう歩むか」です。「伴侶選択」より「結婚後の成長」が結婚を左右するのです。結婚が祝福されるかどうかは、結婚後に聖書が示す努力をするかしないかにかかっています。

クリスチャン同士が結婚すれば、自動的に祝福された結婚生活を送れるわけではありません。もしそうなら、聖書に書かれている結婚についての教えは必要ありません。むしろ、聖書の結婚に関する教えのほとんどが、結婚後の歩みについてであることを覚えましょう。確かに、神様は祝福された出会いを導かれますが、それ以上に、結婚後の祝福を願っておられるのです。

言い換えるなら「みこころの人」より「みこころの結婚生活」です。結婚前に「みこころの人」と言い、「みこころの人を与えてください」と祈るクリスチャンは多いでしょう。しかし、結婚後に「みこころの結婚生活を送らせてください」と祈るクリスチャンはどれだけいるでしょうか。「みこころの人」に出会い結婚すれば、「みこころの結婚生活」を送れるとは限りません。

さらに言えば「いい結婚をする」より「いい結婚にする」のです。「を」と「に」の一字を変えるだけで大違いです。理想の相手と「自分がいいと思える結婚」をするよりも、たとえ、理想と異なる相手であっても、「した結婚をよくする」ことです。そうすれば、幸せな結婚生活が訪れるのです。

実例としてのイサク・リベカ夫妻

そのことを証明しているのが、創世記二四章以降が記すイサクとリベカの結婚です。二人の結婚は百点満点の出会いで始まり、〇点に向かう「減点婚」でした。

創世記二四章で、二人はアブラハムがしもべエリエゼルに託した「元祖・聖なる婚活」によって出会います。それは、人の努力と神様の導きの美しい出会いでもありました。

リベカはエリエゼルだけではなく、十頭のらくだにも水を飲ませるような愛の配慮に満ちた女性であったようです。

　また、リベカは、井戸から水がめを使って水を汲んできました。当時の井戸は、かなりの距離となる螺旋《らせん》状の通路を歩いて、下に降りていく構造でした。しかも、水を入れた水がめはかなりの重さになります。すべてのらくだに水を飲ませるために、リベカは水がめを抱えて何度も往復したことでしょう。このことから、彼女が健康で、かなり体力があったことが予想できます。

　さらに、聖書は「この娘は非常に美しく」と記しています。リベカは、豊かな愛の配慮ができる、健康で体力に恵まれた、容姿も美しい女性だったというわけです。古風な表現をすれば、「気立てがよくて、健康で、美人」となるでしょう。彼女は、古代社会において理想的な女性でした。まさに二人の出会いは「繁栄＝祝福」とされる、旧約聖書の価値観によれば、神様からの豊かな祝福を表すものでした。

　しかし、双子の息子が生まれ、彼らが職業をもつようになったころ、夫婦の関係は大きく破滅に向かいます。夫であるイサクは長男のエサウを偏愛します。しかも、その理由が「猟の獲物を好んだから」というトホホ振り。「肉食系か！」「肉的信仰者か！」と聖書読者もツッコミたくなります。

聖書に記述はありませんが、何度お願いし、注意をしても、偏愛をやめない夫にリベカは失望し、ついにはイサクを軽蔑したことでしょう。そうなれば、本来、夫に注ぐべき愛は愛されぬ次男ヤコブに注がれます。夫に注ぐべき愛が息子に注がれるなら、その愛が母子密着を引き起こすのは二十一世紀の日本も創世記の世界も変わりません。前章で触れたように、ヤコブはマザコン男になってしまいます。

一方、父の溺愛を受けたからか、長男エサウは「欲求一発男」に。長子の権利を目の前の料理と引き換え、気に入れば異教徒の女性とも結婚してしまう衝動的な性格です。目の前の欲望達成と引き換えに、祝福を軽んじたエサウを聖書は「俗悪」と評価しています。

百点から〇点に向かう結婚生活

夫婦の対立は子どもたちの人格を歪めたばかりか、子どもたちに代理戦争をさせてしまいます。俗悪な長男とマザコンの次男との間に起こったのは、長子の権利争奪バトル。最後はどうなったでしょう。父エサウの視力が衰えたのをいいことに、母の発案でヤコブは毛皮をつけて毛深いエサウになりすまし、長子への祝福の祈りを受けようとします。手触りはエサウだが声はヤコブなので、戸惑う父イサクにヤコブはこう言ったかもしれません。「オレ、オレだよ。オレ、エサウだよ。父さん、祝福してくれよ」。

これ、「元祖・オレオレ詐欺」ではないでしょうか。

電話もない時代にオレオレ詐欺を成功させるとは、ただ者ではありません。リベカは天才詐欺師で、ヤコブはその実行犯。犯行現場は自分の家庭で、犯罪被害者はその家族です。人間の罪の恐ろしさに震えが来ます。

長子の権利を奪われたエサウは、ヤコブに殺意を抱きます。それを知ったリベカは、ヤコブをラバンのもとへと避難させることに。こうして、夫婦の対立によって家庭は崩壊に至ります。

しかし、神様は真実なお方です。一度、選んだ限りは見捨てません。神様はヤコブを母から離れさせ、長年の取り扱いをとおして、彼を祝福の器に相応しい者へと変え続けました。両親の悲惨な夫婦関係に歪められたヤコブは回復に向かったのです。

　では、イサクとリベカの夫婦は回復したでしょうか。このあと、リベカはヤコブと会うことはなかったようです。神様は回復のため、二人を永久に隔離されたのです。イサクは生涯、偏愛の罪を悔い改めなかったと思われます。だとすれば、軽蔑する夫と偶像礼拝者であるエサウの妻たちと日々を過ごしたリベカの結婚生活は、どんなに悲惨なものであったことでしょう。神様は被害者であった子どもは回復させましたが、罪を悔い改めない加害者夫婦を回復することは、したくてもできなかったのでしょう。こうして、イサクとリベカの結婚は、百点の出会いでスタートし、〇点で終わっていったと想像されます。

イサクとリベカ夫妻から学ぶべきこと

　婚活系クリスチャン男女は、創世記二四章に自らを重ね合わせて、劇的な出会いを思い描きます。確かに、創世記二四章を読んで「みこころの人」を祈るのもいいでしょう。しかし、それ以上に二五章以下を読んでいただきたいのです。悔い改めない罪が、百点で始まった結婚を〇点にしてしまう、残酷な事実を知ってほしいのです。そして、結婚前に「みこころの人」を祈る以上に、結婚後に「みこころの結婚生活」を祈り求めるクリスチャンとして歩んでほしいと願うのです。

ここで一旦まとめてみます。聖書全体が結婚について示す真理、とりわけイサクとリベカが反面教師として示す真理はこれでしょう！


「出会い」より「結婚生活」

「伴侶選択」より「結婚後の成長」

「誰と結婚するか？」より「結婚後にどう歩むか？」

「みこころの人」より「みこころの結婚生活」

「いい結婚をする」より「いい結婚にする」


同じことを五つの表現で言い換えているだけですが、どれか一つでも心に刺されればと願います。

理想の異性・第一主義からの転換

そう考えると、「理想の異性・第一主義」で結婚に向かうことは、大きなマイナスを伴うことになります。理想の相手との出会いを目指すという姿勢は、往々にして結婚のハードルを上げるだけで、結婚生活の質を上げません。

まず、理想へのこだわりが強すぎるとストライクゾーンが狭くなります。すると結婚対象者も絞られます。言うまでもなく、結婚のハードルは上がってしまうことに。さらなる問題は、自分の理想を神様の導きよりも優先してしまうことです。そうなると、神様が結婚に導こうとして出会わせてくださった異性に、ボール判定を下してしまうのです。「神様のどストライク」にボール判定を下すのですから、これは致命的な失敗ではないでしょうか。野球ならストライクを三球見逃せば、アウトです。

また、理想へのこだわりは、結婚の質を高めません。よく指摘されるのは、恋愛結婚よりもお見合い結婚のほうが離婚率が低いということです。これにはさまざまな要因があるのでしょうが、その一つは、「恋愛感情による相手の理想化」です。

恋愛結婚の場合は、自分の理想を相手に投影してしまう傾向があります。そのために、結婚後に理想と異なる要素が見つかっていき、「減点婚」になりやすいのです。お見合い結婚の場合は、むしろ現実の相手を観察して判断するので、結婚後には欠点だけでなく長所を見つけることもあり、「加点婚」になりやすいようです。

このように「理想の異性・第一主義」は、結婚のハードルを上げる一方、結婚生活の質を上げることがないという傾向があることを、受け止めていただきたいのです。

では、どう考えるかと言えば、「理想達成度八十点以上の相手としか結婚しない」という考えは早めに捨てることです。そして、「五十点、六十点の相手と結婚して、その後百点を目指そう」と発想を転換するのです。「そんなのは現実への妥協」、「祈ってきたことと違うのだから信仰的でない」と感じるかもしれません。

でも、一度考えてみてほしいのです。私たちは神様に、正直に自分の願いをお伝えして祈るべきでしょう。しかし、私たちの願いの実現が、必ずしも神様の願う道と一致するとは限りません。「自分の理想」とやらは、どれほど神様が願う最善に近いでしょうか。ずっと祈ってきた「結婚相手に願う十項目」は、どれほど神様のみこころにかなっているでしょう。

結婚相手の条件リストの再検討

「結婚相手に願うことを十項目書いて、それを毎日祈る」という指導があります。高校時代からそれを実行しているクリスチャンにもときどき出会います。それは、学生時代の安易な男女交際を避けられるという面でも、将来の結婚を神様との関係で考えるという面でもとても有益な指導だと思います。

しかし、そのリストの十項目は、年齢と共に更新されていくべきでしょう。社会人になってからも、高校生のときと同じ十項目のままだとしたら心配です。実際に、結婚が現実化する年齢になっても、その十項目が世間知らずの高校生の夢物語状態のままであることも。「そんなクリスチャン、この世にいないだろ」とツッコミたくなる内容となっています。

何より祈りは、神様との対話です。神様への注文ではありません。ピザの宅配業者に注文をするように、サイズとソースの種類、トッピングと配達時間を知らせたら、神様が届けてくださるのではありません。

祈りは対話ですから、一方通行でなく、対面通行です。たとえば、十項目のうちの三項目が自己中心すぎると示されて、取り下げるように神様から語りかけられます。逆に、三項目を加えるように導かれることもあるでしょう。そうして、更新されていった十項目のリストは、かなり「みこころにかなうリスト」となっていることでしょう。

ですから「五十点、六十点の相手と結婚して、そのあと百点を目指そう」というのは、祈りの内容を更新せず、自分の理想中心で祈ってきたなら、十項目のうち五、六項目でも満たしていれば、結婚相手として考えてみてほしいということです。その一方で、祈りという対話の中で、更新され続けてきた十項目は、きっと自己中心を離れて、神様の導きの邪魔をしないような内容となっているだろうと思います。

自立、信仰、誠実さがあれば

結婚にとって本質的なのは、三つ程度だと私は考えています。それ以外のこだわりや条件は、あまりもたないほうが賢明かと思います。その三つとは「自立、信仰、誠実さ」です。

すでに第二章で記したことですが、聖書が「父母を離れ」と親からの心理的分離を結婚の前提にしているのですから、「自立」は不可欠です。また、クリスチャンとの結婚を願うなら、信仰的に成熟した相手がよいでしょう。三つ目は、「出会いより結婚生活」ですから、よりよい結婚のために、結婚後に努力するような「誠実さ」が求められます。

私は独身者対象の結婚セミナーなどでは、こうアピールします。「自立、信仰、誠実さ、それ以外のことはあまりこだわらないほうが賢明です。いいえ、あまり、こだわらないクリスチャンになってほしいと願っています。独身の方には、とても受け止められないとは思いますが、私は言いたいのです。自立していて信仰があって、誠実な異性であるなら、誰と結婚しても、ほとんど同じです！」

独身の参加者は戸惑いの表情がほとんどですが、既婚者の方は「ほんとそうだよな」と手を叩いてウケていたり、静かに深く頷いていたりします。

「のび太君」より「伸びしろ君」

特に女性が、男性クリスチャンに「理想達成度八〇点以上」を要求してしまうと、ほとんどの男性が対象者になり得ません。女性は結婚に関しては、相手に安心や安定を求める傾向があります。しかし、同年代の日本の男性は、どうしても頼りなく、安心感に欠けるように見えてしまいます。

日本の家庭は長時間労働のため父親が不在がちとなり、母親と息子の距離感が取れず過保護・過干渉になりがちです。クリスチャンであっても「父母を離れ」というみことばに立って、息子を自立に向けて育てようとしないケースも珍しくありません。教会も若い男性クリスチャンを育てるのには苦労します。

郵便はがき

恐縮ですが
切手を
おはりください

164-0001

東京都中野区中野 2-1-5

いのちのことば社

出版部行

ホームページアドレス https://www.wlpm.or.jp/

お名前	フリガナ	性別	年齢	ご職業
		男・女		
ご住所	〒	Tel. ( )		
所属(教団)教会名		牧師 伝道師 役員 神学生 CS教師 信徒 求道中 その他 該当の欄を○で囲んで下さい。		

WEBで簡単「愛読者フォーム」はこちらから!
https://www.wlpm.or.jp/pub/rd
簡単な入力で書籍へのご感想を投稿いただけます。
新刊・イベント情報を受け取れる、メールマガジンのご登録もしていただけます!

ご記入いただきました情報は、貴重なご意見として、主に今後の出版計画の参考にさせていただきます。その他、「いのちのことば社個人情報保護方針(https://www.wlpm.or.jp/about/privacy_p/)」に基づく範囲内で、各案内の発送などに利用させていただくことがあります。

いのちのことば社＊愛読者カード

本書をお買い上げいただき、ありがとうございました。
今後の出版企画の参考にさせていただきますので、
お手数ですが、ご記入の上、ご投函をお願いいたします。

書名	

お買い上げの書店名

町
市　　　　　　　　　　書店

この本を何でお知りになりましたか。

1. 広告　いのちのことば、百万人の福音、クリスチャン新聞、成長、マナ、
信徒の友、キリスト新聞、その他（　　　　　　　　　）
2. 書店で見て　3. 小社ホームページを見て　4. SNS（　　　　　　）
5. 図書目録、パンフレットを見て　6. 人にすすめられて
7. 書評を見て（　　　　　　　　）　8. プレゼントされた
9. その他（　　　　　　　　　　　　）

この本についてのご感想。今後の小社出版物についてのご希望。

◆小社ホームページ、各種広告媒体などでご意見を匿名にて掲載させていただく場合がございます。

◆愛読者カードをお送り下さったことは（　ある　初めて　）
ご協力を感謝いたします。

出版情報誌　月刊「いのちのことば」1年間　1,380円（送料サービス）

キリスト教会のホットな話題を提供!（特集）
いち早く書籍の情報をお届けします！（新刊案内・書評など）

□見本誌希望　□購読希望

そのために、日本のクリスチャン男性は自立度が低く、同年代の女性からしてみると未熟、あるいは幼稚に見えてしまいます。

そこで、私がクリスチャンとの結婚を願う女性たちにお勧めするのが「のび太君」より「伸びしろ君」です。二十代前半にして、完成度が高く、結婚相手として理想的な男性は「のび太君」です。順調に伸びてきて現在の完成度に至っているのです。

それに対して、日本の教会に多いのが「伸びしろ君」です。現在の完成度は低く、女性たちからの評価はいま一つなのですが、今後の「伸びしろ」はたっぷりあるのです。自立度を高めつつあり、信仰的にも成熟に向かい、誠実な性格です。つまり「潜在的加点婚系男子」で、結婚した後に伸びるタイプです。今は五十点でも、結婚すれば百点を目指して急成長する男性です。

日本の教会では「のび太君」の多くは二十代で恋愛結婚してしまいます。女性たちが真剣に結婚を考え始めたころには、すでに対象外となっているのです。そこで問われるのは、「伸びしろ君」を見抜いて、結婚対象とするかどうかです。私はそれこそクリスチャン女性の「男を見る目」だと思っています。年齢・容姿・学歴・職種・年収・信仰歴……。それらはすべて「スペック」です。肉眼で見えることです。それだけで相手を選ぶなら、まさに「男を見る目」がありません。「スペック」に現れてこない本質、結婚後の「伸びしろ」を見抜くのが、男を見る目です。どうか、「ハイスペック男子」を探し、「いない」と文句を言うのはやめて、「伸びしろ君」を見抜く目を養ってほしいと願います。

「伸びしろ君」の判断基準

このお話をすると必ずと言っていいほど尋ねられるのが、「では、どういう男性が伸びしろ君なのですか。判断基準を教えてください」という質問です。

それに対しては、いつもこう答えています。「『ありがとう』と『ごめんなさい』を素直に言える男性は『伸びしろ君』である確率が高いです」。

女性に対して素直に「ありがとう」と「ごめんなさい」を言える男性は、感謝の気持ちが豊かなので、結婚後に相手を大切にします。結婚後も、素直に自分の過ちを認めて、よりよい結婚のために自分を変えていくことができます。さらに、女性に対して上から目線ではなく、困ったプライドも少なめだと予想できます。

どんなにハイスペックでも、そうでない男性は慎重にご判断を。結婚しても独身時代の自分を変えず、悪いことは全部相手のせいにし、いつも上から目線という可能性もなきにしもあらず。

また、礼拝遅刻常習者は要チェック。もちろん、何らかのやむを得ぬ理由があっての遅刻であるなら例外です。神様を愛していながら、神様が最も求めておられる礼拝という愛の交わりを軽んじて、自分のペースで歩んでいるなら少し心配。愛が心情だけで実行を伴わないタイプ、相手の願う愛を与えず、自分の考える愛を与えるタイプかもしれません。そう考えると、結婚後の愛情関係に不安を残します。

さらに、成熟したクリスチャン女性からよく聞くのが「弱さ」です。「どんな男性がいい?」と尋ねると「自分の弱さを認める人」「自分の弱さを受け入れている人」「自分の弱さにきちんと向き合う人」などの答えが返ってきます。弱さを認め、受け入れ、向き合う男性は、結婚後に妻の助けを借りて弱さを克服して成長していけるからです。その反対の場合、妻の苦労が予想されます。

他にも、外側に現れてくる判断基準はきっとあると思いますので、クリスチャン男性をよく観察して、「伸びしろ君」を見抜いてください。

女から生まれ、生涯、女に育てられる男

日本の女性は、同年代の男性に比べて成熟度が高いように思われます。ですから、同年代の男性に、自分と対等な成熟度を求めることは現実的ではありません。自分より多少、未熟で幼稚な面があったとしても、結婚対象として検討すべきでしょう。どうか、「それは無理」「ありえない」とか言わないでください。未来に向けての希望も大いにあるからです。

伸びるタイプの男性たちは、結婚後の成長の度合いが女性よりはるかに大きいのです。女性は結婚前の完成度が高く、結婚後の成長もそれなりに順調です。男性の場合は、伸びるタイプと伸びないタイプがおり、二極化する傾向が

あります。女性は男性に比べてローリスク・ローリターン、男性は女性と比べたらハイリスク・ハイリターンだと言われます。だからこそ、女性にとっての「異性を見る目」は、男性の場合よりもはるかに重要だと思うのです。

残念ながら結婚しても、独身時代のライフスタイルをほとんど変えようとしない男性もいます。しかし、「伸びしろ君」は結婚前の完成度は低くても、結婚後に別人のように成長します。その成長ぶりに周囲は驚き、妻はいよいよ愛情と尊敬を深めていきます。

古今東西、「男は女から生まれ女に育てられる」と言われてきました。誰の書物かは記憶していませんが、「男は生涯四人の女に育てられる」という趣旨が書かれていたのを読んだことがあります。それによれば、「四人の女」とは、母、彼女、妻、娘のことでした。

確かにそのとおり。子どものころは、母親の世話になり育ててもらいます。思春期となり母親から離れると、彼女に褒められたり、嫌われたりしながら、大人の男性へと向かいます。結婚すれば、大抵、夫たちは妻によって成長させられます。老後は呆れて何も言わなくなった妻に代わって、娘が痛い言葉で戒めてくれます。これには納得せざるを得ませんでした。

もちろん、妻が夫を育てるだけではありません。夫婦はお互いに相手を成長に導き、自らも成長していく関係です。男性も、結婚後に誠実な努力をする女性かどうかを見抜く目を養ってほしいものです。

というわけで、クリスチャンとの結婚を願う女性の皆様には、結婚後の成長を期待して、今は五十点前後の「伸びしろ君」も、結婚対象として検討されますようお勧めします。

「ゲゲゲ婚」のススメ

「妻と結び合い」と聖書が示すとおり、大切なのは出会いより結婚後の歩みです。そこで、具体的提案としてお勧めしたいのが「ゲゲゲ婚」です。それは「ゲゲゲの鬼太郎」で知られる漫画家、水木しげるさんの妻である武良布枝《むらぬのえ》さんが経験した結婚のあり方です。武良布枝さんが著した自伝的エッセイ『ゲゲゲの女房――人生は…終わりよければ、すべてよし!!』(実業之日本社)は話題となり、同書を原作としたNHKの連続テレビ小説「ゲゲゲの女房」も人気を博しました。

原作本『ゲゲゲの女房』には著者による次のような「あとがき」があります。

「最初に燃え上がった恋愛感情だけで、その後の人生すべてが幸福になるとは、とても思えません。伴侶とともに歩んでいく過程で、お互いが『信頼関係』を築いていけるかどうかにこそ、すべてかかっていると思うのです。(中略)どんな生き方を選んだとしても、最初から最後まで順風満帆の人生なんてあり得ないのではないでしょうか。人生は入口で決まるのではなく、選んだ道で『どう生きていくか』なんだろうと、私は思います」

武良布枝さんにとって結婚生活の入り口は、戦争で片腕を失った売れない漫画家との極度に貧しい生活でした。しかし、二人は深い信頼関係の中で支え合い、心から「この人と結婚して良かった」と言える結婚生活を築き上げたと武良布枝さんは記しています。

盛り上がった恋愛から始まった結婚は、一つの入り口に過ぎません。大切なのは入り口ではなく、その入り口から入った道をどう歩むかでしょう。まさに、出会いより結婚生活なのです。

未婚者にとっては、結婚は未知の世界。結婚後に信頼関係を築き上げていく歩みはなかなかイメージできないもの。それ故に、結婚する前は、理想の異性との出会いを思い描き、良い入り口ばかりを求めがちとなります。そして、そのことの間違いに気がつくのは、残念ながら結婚後であることが多いようです。しかし、聖書によって指針を与えられているクリスチャンは、そのような悲劇を避けて、祝福された結婚をすることができるのです。

だからこそ、結婚前に一度立ち止まって考えてみませんか？　「主にあるゲゲゲ婚」を。

第4章 「二人は一体となる」―何のための一心同体か？

夫婦が共に歩むために

創世記二章二四節によれば、結婚を定められた神様の願いは、親を離れて自立した男女が人生のパートナーとして共に歩み、「一体」となることです。一体とは結婚した夫婦が体を一つとする性生活を意味します。

繰り返しになりますが、この「一体」という言葉は、「肉体」だけでなく「全身全霊」を意味する言葉です。ですから、結婚した夫婦が体を一つにするのは、心も霊も一つにすることです。それは、神様が人類に与えられた究極の交わり。骨からの骨、肉からの肉である異性と一つになることは、一体性の回復でもあります。

ですから、幸せな性の交わりは結婚した者に体においても心においても、深い喜びを与えます。また、そうした喜びがあるからこそ、夫婦が心も体も一つにして、強い絆をもって共に歩んでいけるのです。

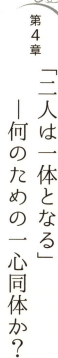

神様が私たちに恋愛と性の恵みを与えられたのは、まさにこのことのためなのです。なぜ、神様は私たちに恋愛感情を与えられたのでしょう。大多数の人が、異性に心ときめかせ、思いを伝えたい、相手と心を一つにしたいと願うでしょう。それは結婚のためです。結婚した後に夫婦が心を通い合わせ、一つとなって生きていくためです。

神様はなぜ、私たちに性的欲求や性的機能を与えたのでしょう。異性に恋愛感情をもつときに、一緒にいたい、触れてみたい、抱き合いたい、体を一つにしたいなどと願うのはなぜでしょう。それも結婚のためです。結婚の中で、体を一つにすることで、心も霊も一つとなって、共に生きていくためです。

そうです。恋愛を楽しむために、神様は人類に恋愛感情を与えたのではありません。また、結婚前、あるいは結婚外での性を楽しむために、性的欲求や性的機能を与えたのではありません。どちらも、結婚後に夫婦が「一心同体」となり、強い絆を結び合いながら、共に生きるためなのです。

人生を決める三つの選択

この章で考えたいことは「何のための一体か」ということです。すでに記したとおり、それは、結婚後に夫婦が一心同体となり共に生きるためなのですが、そのことをさらに深めてゆきたいと願います。

出典は不明ですが、私は何人かの先輩牧師から、人生は三つの選択で大きく決まるとお聞きしたことがあります。それは、「何を信じて生きるか」「何を通して生きるか」「誰と共に生きるか」の三つです。「何を信じて生きるか」とは、信仰や思想信条、あるいは信念の問題です。「何を通して生きるか」は、職業、使命などです。金銭的報酬のない専業主婦やボランティア、教会奉仕なども、立派な使命と言えるでしょう。そして、「誰と共に生きるか」の代表が結婚なのです。もちろん、結婚以外にも生涯にわたる大切なパートナーシップはあるでしょう。

クリスチャンには、この三つをこう言い換えると相応しいように思います。

「誰に仕えて生きるか」

「何を通して仕えるか」
「誰と共に仕えるか」

クリスチャンとして究極的には、誰に仕えて生きるのでしょう。神様に仕えるのでしょうか、それとも、家族、職場などの組織や上司、あるいは、世間様という偶像や自分の欲に仕えるのでしょうか。

創世記二章によれば、職業とは元来、神様の業《わざ》に参与すること、神様に仕えて栄光を現すことでした。食べるために働かざるを得なくなり、職業が生活の手段と化したのは創世記三章で、神様の祝福が取り去られた以降のことです。

ですから、クリスチャンにとっての職業選択は、「何を通して神様に仕えるか」の問題です。また、必ずしも金銭での報酬を得られない「使命」も職業とまったく同じこと。家事育児、社会的弱者への愛の業、教会奉仕なども「何を通して神様に仕えるか」の選択結果であってほしいと願います。

そして、結婚こそが、「誰と共に仕えるか」の選択なのです。クリスチャンにとって、結婚とは平たく言えば「自分は、生涯、神様に仕えてゆきたい。そして、この職業・使命を通して神様に仕えたい、だから一緒に仕えてくれる人が必要。つきましては、神様、誰がよろしいでしょうか」という選択なのです。

三つの選択、アダムの場合

わかりやすいのが、アダムです。何と言っても、人間第一号、職業人第一号、結婚第一号の三冠王なのですから。アダムが、誰に仕えて生きていたかと言えば、天地万物すべての創造主であり、自分を造りいのちを与えた神様に仕えて生きていました。では、何を通じて仕えていたかと言えば、農業です。神様の業を委託され、エデンの園に遣わされ、そこを耕し、実りを得て、神様の栄光を現していたのです。

アダムが一人で仕えるのはよくないと判断された神様は、共にご自身に仕えるパートナーを与えようとされます。さっそくオーディション開始ですが、動物たちはすべて落選。最終的には、骨からの骨、肉からの肉であるエバをお与えになりました。体を一つにするためにアダムから造られる必要があり、心を一つにするために、言葉をもつ人間でなくてはならなかったのでしょう。

アダムの場合は、単純明快。「神様に仕えて生き」「農業を通して仕え」「エバと共に仕えた」のです。さて、読者の皆さんは、この三つの選択についてはどうでしょう？

三つの選択、私の場合

読者の皆さんにそう問いかけながら、私自身もふと考えたのです。あまり聖書的でない仮定かもしれませんが、「もう一度、人生をやり直せるとしたら、自分はこの三つの選択をどうするだろうか」と。その結果は、ほぼ即答でした。

人生をもう一度やり直すなら、もう一度、天地万物を造られた神様に仕え、イエス・キリストを救い主として歩みたいです。

次は職業選択です。これについては、物好きと思われるでしょうが、神様が召してくださるなら、もう一度、キリスト教の伝道者になりたいです。自分でも物好きだと思います。めちゃくちゃ高ストレスで低収入。こんなコスパの悪い職業も珍しいでしょう。でも、伝道者なのです。

最後は伴侶選択です。「もう一度、人生をやり直すとしたら誰と結婚しようかな」と考えると、聖められていない私の頭に思い浮かぶのは、各局の人気女子アナや女性芸能人の数々。しかし、全員、涙を流して撤退です。迷わず、今の妻です。（おい、迷っとるだろーが！）

というわけで、人生をもう一度やり直すとしたら、今の信仰、今の職業、今の妻でお願いしたいと思います。「神様、三つの選択は、現行どおりということで……」と祈りたいです。つまり、「ほぼ、今の自分」になりたいです。

何という幸せ、というか、おめでたい人間かと我ながら、呆れたり、感謝したりです。自分については「もっとこうならいいのに」と思うことは多々あります。人生において、「あのときこうしておけば」「あんなことしなければ」と後悔することは山ほどあります。でも「誰に仕え、何を通して仕え、誰と共に仕えるか」については、後悔がありません。いいえ、最善だと心から言えます。

そう言えるのは、私が賢くて正しい選択をしたからではありません。神様が導いてくださって、最善の選択をさせてくださったからです。私は、パウロのように「私を見習ってください」とは言えません。でも、「私を導いてくださった同じ神様の導きに従ってほしい」と心から言うことができます。

伴侶選択の理想形

結婚とは、「誰と共に仕えるか」であり、それは「誰に仕えて生きるか」と「何を通して仕えるか」に密接に関係しています。神様に仕えて生きるクリスチャンであれば、職業選択は「何を通して神様に仕えるか」の問題ですし、伴侶選択は「誰と共に神様に仕えるか」の問題です。さらには、「何を通して神様に仕えるか」と「誰と共に神様に仕えるか」もある程度は両立しなくてはなりません。

ですから、クリスチャンにとって伴侶選択の理想形は、「信仰↓職業・使命↓伴侶選択」の道筋で決めることです。まず「私は、聖書が示す真の神様を信じ仕えます」と信仰決心を確かにします。次に「私は、この職業・使命を通して、神様に仕えます」と告白したうえで「つきましては、共に神様に仕え、私の職業・使命を理解し、尊重し、支えてくれて、できれば共有してくれる人をお願いします」と祈り求めるのです。こうすると、神様のみこころにかなった祈りとなり、導きの異性を判断するうえでも間違いが少なくなります。

実は、日本全国約二十か所でこのお話をしてきましたが、この話が転機となり、数年以内に結婚に導かれたクリスチャン女性がこれまでに五名もいるのです。

ある女性は私の話を聞いて、こう考えたそうです。「一緒に神様に仕えて、ビジョンを共有できそうな男性――。あっ、あの人かもしれない！」彼女は、同じ教会に所属する男性が導きの人だと目が開かれたそうです。すると、それまで結婚対象と思っていなかった彼に対して、「好きかも」と思うようになり、やがて、その思いは「大好き」へ変わり、彼女のほうからアプローチして結婚したのだとか。

御礼を兼ねての報告にうれしいやら、ビックリするやらでしたが、読者の中から彼女に続く男女が起こされることを願ってやみません。

「ぐるぐる思考」から抜け出そう

結婚を願いながら苦戦しているクリスチャン女性によくお見掛けするのが、「ぐるぐる思考」です。「信仰↓職業・使命↓伴侶選択」という筋道を決めて祈り求めることができずに、「信仰↓伴侶選択↓信仰↓伴侶選択↓信仰」あるいは「職業・使命↓伴侶選択↓職業・使命↓伴侶選択↓職業・使命」となってしまうのです。上から下への一方通行であればいいのですが、行ったり来たりの対面通行となっているために指針が定まらず、葛藤や迷いの中にいるです。

よくあるパターンは、このような「ぐるぐる思考」です。

「自分は神様に仕えるから、クリスチャンと結婚したい↓でも、そんなこと言っていたら、誰とも結婚できないかも↓神様に仕えるのは二の次にして結婚かな↓そうしたら、結婚できるかも↓でも、その結婚を神様は喜ばれるかな?」

職業・使命の場合も、信仰の場合と同様です。

「自分はこの職業・使命で神様に仕えるから、理解、支援してくれる男性がいい↓でも、そんなこと言っていたら、誰とも結婚できないかも↓職業・使命は二の次にして結婚かな↓そうしたら、結婚できるかも↓でも、その結婚を神様は喜ばれるかな?」

この「ぐるぐる思考」にはまってしまうと、「クリスチャンと結婚したい」

とも「未信者との結婚も考える」とも判断ができません。「職業・使命を重視して、結婚を考える」とも「結婚のためなら、職業・使命は譲る」とも優先順位が定まりません。どっちつかずで、基本方針が決まらず、祈りもぼんやりします。

その祈りの言葉は、たとえば「神様どっちでもいいです。委ねます」。果たして、神様に対して自分の願いを明確化しない姿勢は、「神様に委ねた信仰的な姿勢」と言えるでしょうか。明確な自分の願いをもちながらも、それを神様のみこころより優先せず、最終決定を神様に一任することこそ、「神様に委ねた信仰的な姿勢」かと思うのです。

そうなると、本人自身が抜け出せない迷いや不安の中を歩み続けます。そして、「どういう男性と結婚したいか」「どの男性との結婚を神様が導いておられるか」が自分でもわからなくなり、迷いと不安は深まるばかり。

そこで、アピールです。女性だけではありません。男性も該当者の皆さんには、「ぐるぐる思考」を抜け出すことを強くお勧めします。思考回路は「信仰↓職業・使命↓伴侶選択」の一方通行に決めましょう。一方通行にはゴールがありますが、ロータリーは回り続けるだけでゴールはありません。

信仰と職業・使命についてしっかりと決断したうえで、結婚を求めて相手を考えてゆきましょう。たとえば「共に神様に仕えて私の職業・使命を尊重してくれるクリスチャンをお願いします」と祈ればいいのです。祈りが明確化するなら、神様もきっと応えやすくなることでしょうから。

悪いことは言いません。結婚を願うなら抜け出しましょう。一日でも早く。ぐるぐる思考を抜け出すなら、もしかすると数年後には結婚しているかもしれませんよ。

妊娠・出産という恵み

女性には男性にはない独自の恵みがあります。それは妊娠・出産です。もちろん、すべての女性がこの恵みにあずかるとは限りません。しかし、多くの女性にとっては、神様からの尊い恵みかと思うのです。育児は、父である男性にとっても恵みでしょうが、妊娠・出産はそうではありません。妊娠・出産は、産む性である女性独自の恵みとも言えるでしょう。

そこで、考えなくてはならないのが、結婚年齢です。年々、日本女性の結婚平均年齢は上昇し、今や三十歳弱となりました。それに伴って、不妊に悩む夫婦も増えています。子どもを授かることを願うなら、女性はある程度の年齢までに結婚することが望ましいのは間違いありません。

近年は科学的にも「卵子・精子の老化」が知られてきました。一例を挙げれば、個人差はありますが、三十五歳の時点での卵子が妊娠に至る力は、二十代の時の半分だそうです。

こうした情報が知られてきた影響でしょう。最近では、息子の結婚相手が三十代後半の女性だと知ると「孫の顔が見たいから、その女性はやめてちょうだい」とお願いする母親もいるのだとか。子どもの有無で女性の価値は変わりませんし、ましてや勝ち組も負け組もありません。自分の親や、義理の親に孫の顔を見せるために結婚するのではありません。クリスチャン女性には、そうした価値観で自分を評価しないでほしいと願います。

しかし、その一方で、もし、子どもを授かり育てたいと願う人は、こうした現実は受け止めてほしいのです。そのうえで、信仰をもって考え、責任をもって女性としての生き方を選び取っていただきたいのです。

その場合には、妊娠・出産から逆算して、結婚の時期や具体的な努力を始めるタイミングを考えておく必要があります。たとえば、三十五歳で妊娠するとしましょう。そのためには、三十四歳で結婚をしている必要があります。三十四歳で結婚するなら三十三歳ごろには結婚する男性と出会っていることになります。

そこで、考えたい大切なことがあります。三十三歳ごろに出会うためには、いつごろ本気モードで婚活を始めるべきでしょう。一年で出会える女性はまずいません。うまくいって二年です。私の経験では、三年かかることが普通です。だとしたら、三十歳の時点で聖なる婚活を始めているのが望ましいとわかります。

残酷なことを申し上げるようで心痛むのですが、三十歳を超えて結婚を願う交際相手がいない、本気で結婚のための具体的努力をしていないなら、子どもを授かり育てる可能性は年々低くなっていくと推測されます。

「神様にあっては、一生が結婚適齢期」と私は考えています。成熟した大人であれば、（相続などの課題はあるでしょうが）高齢であっても導かれたら結婚すればよいという見解をもっています。しかし、妊娠・出産を願うなら、結婚の時期は生物学的要因によって限定されるという事実は否定できません。

これは、焦燥感を与えるための脅しではありません。私は、三十代後半以降に結婚した多くのクリスチャン女性が不妊に悩み、流産を経験しているのを見聞きしてきました。「みこころであれば、神様は与えてくださる」というのはそのとおりですが、女性の生殖能力を定められた神様の摂理も考慮すべきかと思うのです。

医学的見地からも危険が伴うので、高齢出産を信仰を理由に安易に考えることは、私は賛成しかねます。どうか、将来、不妊や流産で悩まないためにも、子どもを授かり育てることを願うなら、真剣に結婚年齢を考えて、逆算して、具体的努力を開始していただきたいと願います。

また、女性の晩婚化と不妊の一因は男性の結婚先送り傾向にあります。ですから、男性も、親からの速やかな心理的自立と、厳しい雇用状況下でも経済的自立を目指しましょう。

女性側の課題としての職業生活

もう一つ、多くの女性が直面する課題があります。それは職業生活です。日本では女性の側が職場を離れ、転居して結婚することが多いのが現状です。最近は転職、転居し、教会も変わって結婚する男性も現れ始めましたが、まだ少数派です。

日本社会の現状では、女性が充実した職業生活を続けながら結婚生活を送るのは、並大抵のことでありません。ですから、二十代後半あたりからは、「仕事と結婚、どちらか」の優先順位だけは、ある程度考えておくことをお勧めします。というのも、先にも記したとおり、その優先順位を決めかねて、迷いと不安の中を歩んでいるクリスチャン女性が少なくないからです。

特に、医療や教育などの専門職である女性は、この優先順位が大切です。高度な専門性が求められる職業ですと、そこそこ独り立ちできるようになったら、三十歳は目の前でしょう。それまでに結婚することは、職業人としては「いけないのではないか」「無責任だろう」と思えてしまいます。ですから、交際相手がいない限りは結婚には至りません。

では、三十代に入れば婚活開始かと言えば、そうでもないようです。ある程度大きな規模の医療機関や教育機関ですと、チームや組織で働くので、個人の決定がチームや組織に大きな影響を与えます。連帯責任であるかのように感じてしまい、それに縛られて、結婚のための努力ができなくなります。

日本の職場の多くが男性主義的であることや、結婚を断念して職業を選んだ先輩女性がいることから、職場自体が結婚とそのための努力をさせないプレッシャーを与えているという話もよくお聞きします。女性を取り巻くそうした職場環境を残念に思うと共に、その犠牲となり結婚の機会を逃さざるを得ない女性たちに、心を痛めずにはいられません。

該当者のクリスチャン女性が結婚するには「職場に迷惑かけても婚活」「休職・退職してでも結婚」などの強い思いがないと、困難なように思います。また、私は結婚を強く優先する女性から相談を受けた場合は、「職場に迷惑かけても」や「休職・退職しても」も一つの選択肢として提案をしています。

クリスチャン女性が充実した職業生活を送り、神様の栄光を現すことを神様はきっと喜ばれることでしょう。しかし一方で、同じ神様がその女性を祝福された結婚に導こうとしておられる可能性も忘れてはなりません。

「仕事と結婚、どちらが優先?」その優先順位は、年齢や人生のステージによって変化するでしょう。要は、今置かれた場所で、今現在の時点で、どちらを優先するかを決めたうえで、クリスチャン女性として、神様の前に責任ある歩みをしていくことかと思います。

サンテグジュペリの名言

星の王子様の作者として知られるサンテグジュペリは「愛はお互いを見つめ合うことではなく、ともに同じ方向を見つめることである」という名言を残しています。これは聖書的な結婚観に通じる言葉かと思います。結婚の本質は交わりですから、夫婦が向き合うことは大切です。しかし、結婚を実りあるものとするのは「二人が同じ方向を見ること」でしょう。

「誰に仕えて生きるか」を同じくする二人が、同じ方に仕えて生きることこそ、聖書が示す結婚本来のありようではないかと思います。大切なのは、出会いより結婚生活です。結婚すること自体より、そのあとの共に仕えていく歩みです。クリスチャンは、何のために結婚するのでしょう。結婚をしたあとにどのように歩むのでしょう。

独身のときは『結婚すること自体』を願い、「誰と結婚するか」ばかりを考えます。しかし、「何のために結婚するか」「結婚してどう歩むか」を大切に考えてほしいのです。どうか、本書をとおして、そのことを考えながら結婚に向かっていただきたいと願っています。

「リスペクト婚」のススメ

「一体となる」という聖書の言葉が示すのは、心と体を一つとしながら、共通の目的のために仕える夫婦のあり方。そこで、具体的提案としてお勧めしたいのが「リスペクト婚」です。

一人の売れっ子放送作家がいました。彼はルックスには恵まれぬものの、抜群の才能の持ち主として女性にはモテまくり。何人もの女優やモデルたちと交際をしてきました。しかし、彼はあるとき、こう思ったそうです。「どんなに素敵な女性とつき合っても、しばらくすると飽きてしまう。そして別れて、別の女性とつき合って、飽きて別れる。その繰り返し。自分はもう、誰とも結婚できなくなってしまった」。

そんな失望の中で出会ったのは、いわゆるブスキャラとして人気の女性お笑い芸人でした。彼女を見て、彼はこう考えたそうです。「美人は飽きる。でも、僕は面白い人は大好きだ。面白い人なら一生尊敬できる。そして、一緒に笑いを追求していける」と。

彼は結婚を申し込み、彼女はそれを受け入れ、めでたく結婚となりました。後でわかったことですが、彼には当時モデルの彼女がいて、その女性と別れたうえでプロポーズをしたのです。

私はこの結婚の経緯をある雑誌で知りました。その雑誌は二人の結婚を「ブス婚」と呼んでいました。しかし、その記事が伝えていたのは、二人の結婚の素晴らしさ。私はこの二人の結婚を「ブス婚」とは呼ばず「リスペクト婚」と呼んでいます。

「一体」の目的を胸に

恋愛感情は結婚への起爆剤として大切です。異性としての魅力も、結婚を決める大切な要素です。でも、心から尊敬できることや、その人と一生同じ目的を共有して追求していけることは、それ以上に結婚にとって大切なことではないでしょうか。結婚生活を実りあるものとし、二人をより強い絆で結びつけていくのは、後者のほうではないでしょうか。

神様は、夫婦がそうした歩みをしていくことを願って、二人を「一体」とされたのでしょう。聖書が示す「一体」の目的を胸に、あなたなりの「リスペクト婚」を一度考えてみてはどうでしょう。

第5章「婚活系神の民への十戒」

序文「わたしは、あなたを独身の国、孤独の家から連れ出そうとしている、あなたの神、主である」

不敬虔とのお叱りは覚悟のうえで、結婚を願うクリスチャンのための十戒を考えてみました。これは、私なりの経験から、陥りがちな落とし穴を避けて、導きの異性と結婚することを願っての愛の言葉です。（押しつけがましいなー）

神様はご自身の民に十戒を授ける際に、「わたしは、あなたをエジプトの国、奴隷の家から連れ出した、あなたの神、主である」と自己紹介をされ、十戒を授与する動機と目的を示されました。十戒は、ご自身の民を愛される神様が、その民を奴隷から解放し自由を与える祝福の言葉です。動機は愛、目的は自由なのです。決して、神の民を管理して、不自由にするためではないのです。

どうか、この「婚活系神の民への十戒」も、結婚を願う神の民を愛し、孤独からの自由を目指す言葉として受け止めてやってください。

第一戒「あなたには、わたしの導きのほかに、赤い糸があってはならない」

以前、ある結婚支援団体で講演をしたとき、結婚したばかりのクリスチャン女性が証しの中で自身の転機をこう語りました。「私は、以前はとても幼稚な考え方をしていました。神様は私の結婚相手に、世界中で一人だけの男性を定めておられ、いつかその人と出会えると信じていました。でも、その考えを捨てたら結婚の道が開かれたのです」。

どうも「運命の赤い糸」を信じていたことが、神様のみこころや導きを見失わせていたようです。

「運命の赤い糸」の由来をご存じでしょうか。キューピッドのような西洋の言い伝えだと思われがちですが、実は中国の言い伝えなのです。今も台湾には、赤い糸で男女を結びつける縁結びの神「月下老人」が祭られているとのこと。そんな異教的な「運命の赤い糸」などクリスチャンが信じるはずがないのですが、実はそうでもないようです。

「神様はあらかじめ一人の異性を自分の結婚相手に定めておられて、その一人と出会い結婚するのが神様のみこころ」と信じるキリスト教版「運命の赤い糸」信者は珍しくありません。イサクとリベカ、ルツとボアズなど、神様の導きとしか思えない男女の出会いを「運命の赤い糸」という異教的な発想で理解し、それを普遍的な男女の出会いにまで当てはめてしまっているのでしょう。

一緒にいて楽しいけど信仰的に未熟なAさん、信仰的に尊敬できるがタイプじゃないBさん、タイプで信仰的だけど性格が合わないCさん。さて、この三人のうち誰が「導きの人」でしょうか。私自身はこう考えます。

三名中の誰か一人がそうかも。あるいは二人がそうなのでは？　もしかすると三人ともそうだったりして……。でも、残念ながら、三人ともそうではないことも。

私はこれが聖書的な判断だと考えています。三人の誰と結婚しても、神様のみこころにかなう可能性もあるのです。間違っても神様が導こうとしている相手は、赤い糸で結ばれた世界でたった一人の異性ではないのです。ですから、赤い糸を信じて神様の導きを見失わないでください。神様は、祝福された結婚を願い、私たちが赤い糸よりご自身の導きを信頼することを願っておられますから。

第二戒「あなたは、『いい人がいない』とみだりに唱えてはならない」

『人生を最高に楽しむために20代で使ってはいけない100の言葉』（かんき出版）というタイトルの本があります。これは、ビジネス書を中心に多くの著作で知られる千田琢哉《せんだたくや》さんの著書の一つで、いわば二十代に向けたＮＧワード集のようなもの。そこに記されている中に「周囲にいい男（女）がいない」という言葉があります。

同著の中で、著者は痛い質問を読者に発しています。それは「じゃあ、いい異性がいたなら、その人を振り向かせることができる自分なの？」という趣旨の問いかけです。どうも、「振り向かせる自分かどうかを問わない人」、「振り向かせられない自分の現実に向き合えない人」、「振り向かせる自分になる努力をしない人」が、このNGワードの使用頻度が高いようです。

「お金がないから、時間がないから、できない」という人は、大抵お金があっても時間があってもできません。そうです。「○○がないから××できない」という人は『○○があっても××できない人』や「××できないことを○○のせいにしている人」であることが多いのです。本来、クリスチャンとはそういう歩みから召し出されて、信仰的希望に生きているはずなのですが……。


実際に「教会にいい男性がいない」とか「クリスチャン男性にはいい人がいない」と発言するクリスチャン女性に、「伴侶紹介をお願いして、会ったことある？」「結婚支援団体に登録してる？」「クリスチャン男女の出会いの場に行ったことある？」と尋ねると、ほとんどの女性がそうした具体的努力を一度もしたことがないと答えます。

そうなのです。すでに具体的努力をしている人は、「いい人がいない」とは言わないのです。周囲に好ましい異性がいないと思える「事実認識」はしていても、それを「言葉」にしないのです。

きっとその言葉を、努力をしない言い訳として用いてしまう危険を知っているからでしょう。そのことが自分の思いを、目に見える現象ばかりに向けさせ、神様にある信仰的な希望を奪い去ると気がついているからでしょう。

「いい人がいない」。この言葉を口にすることをやめるとき、結婚に向けての真剣な努力が始まるかもしれません。身近にいて気がつかなかった「いい人」に気がつくかもしれません。不満顔をやめて、素敵になったあなたに「いい人」がやって来るかもしれません。

第三戒　「婚活期を覚えて、これを聖なる期間とせよ」

本物の十戒は「安息日を覚えて、これを聖なる日とせよ」と命じますが、婚活系クリスチャンには、「婚活期を覚えて、聖なる期間」と受け止めてほしいのです。

婚活期は、一般的には二十代後半から三十代でしょうが、この時期はさまざまな分野で自立を達成して成熟に向かいます。親からの心理的分離という点では、自立度は八〇%程度に達し、年齢と共に成熟度を増してゆきます。職場でも教会でも一人前と見なされ、周囲からの期待と信頼を受けて、一定の責任を託されるようになります。充実していく反面、心身ともにキツい時期とも言えるでしょう。仕事と教会生活で精いっぱいで、結婚のために具体的な行動をしていく余裕などないというのが正直なところかもしれません。

一方で、親からの心理的分離は十分でも、社会的・経済的な自立ができずに葛藤している方、信仰的に自立して教会生活を送ることに困難を覚えている方、それでも結婚に向けての成熟を目指そうとしている方もいらっしゃるでしょう。

今の状態はどうであれ、この時期は職業生活や信仰生活での自立達成と成熟度向上が、知らず知らずのうちに、私たちを結婚に向けて整えてくれます。また、責任ある職業人であること、自立した信仰や成熟した人格は、周囲のクリスチャンの異性の評価を大きく上げることでしょう。

職業を通して神様に仕え、教会を通じて神様に仕えながら、結婚相手と共に神様に仕えていく準備をするのですから、この時期はまさに、「聖なる期間」と呼ぶに相応しいのではないでしょうか。

さらに、この時期は将来の結婚相手と出会う可能性も高くなります。よく「出会いがない」という言葉を聞きますが、実際には「出会いを活かしていない」「出会っているのに気がつかない」ことも多いように感じています。身近な兄弟姉妹や、すでに出会っているクリスチャン異性が、導きの人ではないかと考えてみてはどうでしょう。

実際に、身近にクリスチャンの異性が少ないなら、所属団体や地域でもたれる青年対象の集会に参加することをお勧めします。こんなことを書くと「結婚相手を探すためではないでしょう！」とお叱りを受けてしまうかもしれません。真面目なクリスチャンなどは、「そんな動機で集会に行くなんて……不純」と考えます。

もちろん、集会の趣旨を二の次にするなら、それは本末転倒です。しかし、本来の趣旨を第一としたうえで、副産物として出会いを期待することまで不純と言ってしまっていいのかな、と疑問に思います。むしろ、そうした集会で出会って、結婚に導かれることは好ましいことではないでしょうか。

「彼女・彼氏を探しに集会に行く」と「生涯の伴侶との出会いも期待して集

会に行く」は似ているようで正反対。前者は目的が神様でなく、「自分」です。しかし、後者は集会の趣旨を重んじたうえで、共に神様に仕える異性との出会いを期待するのですから、その目的は「神様」です。決して不純な動機ではないと思うのです。

具体的な提案もしてみましたが、間違った罪悪感を覚えることなく、婚活期を神様のための聖なる期間と受け止めながら、職業生活、信仰生活と同時並行で結婚に備えてゆかれますよう願ってやみません。

第四戒　「あなたは、オーディションの審査員になってはならない」

「自分の理想に対しての合致度」、「要求水準達成度」、「顧客満足度」などで

異性を評価して、「自分に相応しいかどうか」を最優先に結婚相手を考えるクリスチャンがいます。相手についての理想、要求をもち、自分の満足を考えることが悪いわけではないでしょう。しかし、それを最優先にし、自分を採点者に、相手を評価される側に位置づけて「オーディションの審査員状態」に陥ると、聖なる婚活では苦戦の原因となります。

そのことを「よきサマリヤ人のたとえ風」に記してみましょう。

審査員系クリスチャン女子が、自分の正しさを示そうとしてイエスに言った。「では、私に相応しい人は誰ですか？」。

イエスは答えて言われた。「ある婚活系クリスチャン女子が、自宅から教会へ上る道を歩いていた。たまたま、茶髪でロン毛のチャラ男系賛美奉仕者がその道を下ってきた。『一緒に賛美しない？』と誘われたが、彼を見ると彼女は『遠慮します』とつぶやいて道の反対側を歩いて去っていった。

同じように、分厚いメガネをかけて聖書を読んでいるオタク系男子がその道を下ってきた。『一緒に聖書を読みませんか』と声をかけてきたが、彼女は軽く会釈をして、教会へと向かって行った。

さらに、教会で奉仕を終えた、いい人だけど恋愛対象には無理なタイプのクリスチャン男子がその道を下ってきた。『今度、一緒に奉仕しませんか』と話しかけてきたが、彼女は『忙しいので』と断って、すれ違って行った」。

イエスは尋ねられた。「この三人の中で、誰がこの女性に相応しい男性だと思いますか」。

彼女は言った。「一人もいないと思います。つきましては、私に相応しい人は誰ですか」。

するとイエスは言われた「あなたが結婚に相応しい人になりなさい」。

審査員席を降りるなら、道は開かれます。自分に向き合い、自分を問う先に、希望があります。審査員席を神様にお譲りするときに、神様の業が始まります。

第五戒「待っているだけであってはならない」

「男性からプロポーズしてほしいというのは、女性の非現実的な妄想」

これは、テレビ番組「林先生が驚く初耳学！」で、タレントで予備校講師の林修先生が語っていたこと。番組で紹介されていた内閣府の調査によれば、「男性から告白されたら検討する」という女性は日本では四五％ですが、フランスやイギリスでは一五％に過ぎません。つまり、日本女性はヨーロッパ女性の三倍も「待ち」の姿勢だと言うのです。

一方で好意をもった女性に自分からアプローチすると答えた日本の男性は二五％に過ぎません。つまり、七五％は自分から行かずに、「女性から来てくれたらいいのに」と思っているようです。男性側も「待ち」なのですから、女

性も「待ち」のままであるなら、両想いであっても、カップルが成立する確率は二五%となってしまいます。何と、四分の三の可能性を捨てることになるわけです。

林先生によれば、「男性がプロポーズして、女性は待つ」というのは、かつての大人気テレビ番組「ねるとん紅鯨団」がパターン化した「幻想」だとのこと。今でもよく見かける、男性から女性に「お願いします」と手を差し出し、女性が「お願いします」と手を取るか、「ごめんなさい」と頭を下げるというパターーンは、同番組が普及させたものと言うのです。

聖書が記す慎ましさなどの女性の美徳を理由に、「女性からアプローチするのはどうか」との考えもあるでしょう。また、アプローチが失敗に終われば、その後が気まずくなるという現実もあります。三十代の青年たちから話を聞くと、半数程度は「教会や周囲に好意をもった人がいたけど、何もできぬままで、やがてその人は結婚していった」という経験があるようです。

結婚を願う男女ともが、「待ちの姿勢」であるために、神様の導きが閉ざされているとしたら、それは残念なこと。そこで、女性からの知恵あるアプローチや、女性から男性に送る「来ても大丈夫メッセージ」なども考えてみてはどうでしょう。男性の側は、自分に好意があっても、女性が「待ち」になりがちな現実を受け止めて、賢い方法でのアプローチを検討することをお勧めします。

第六戒「自爆テロを行ってはならない」

十戒の第六戒「殺してはならない」に相当するので、これを第六戒にしました。これは「自爆テロ行為によって相手の信仰的生命を殺してはならない」との戒めです。

恋愛の世界には「自爆テロ」があります。交際相手がいるかどうかも確認せず、突撃してあえなく撃沈。相手の迷惑も顧みないストレートすぎる告白。何の前触れもなく、「あなたがみこころの人だと神様から示されました」と御名をみだりに唱えるような宣告。

同じ教会なら、「その後の教会生活どうすんの」と言いたくなります。違う教会でも、「これまでどおり兄弟姉妹として歩めるのか」と心配になります。というのも、自爆テロ犯か被害者のどちらかが、その後、教会から姿を消してしまうケースを多く見聞きしてきたからです。そのことで周囲のクリスチャンたちが、どんなに心を痛めていることか……。

相手の迷惑を想像することもできないこと自体、愛が疑われます。自分の抑えきれない気持ちを伝えることが、相手の心情や益を考えることに勝るなら、それは「愛」ではなく「欲」でしょう。失敗した場合にどうするかの展望性や責任感もないのは幼稚です。

本書では、積極的具体的に導きと思える異性にアプローチすることを勧めていますが、あくまで、教会の秩序を守り、相手への配慮をもってのことです。

そのためには、白黒を即時決着させたい思いはわきに置いて、祈ることです。本当に大切に思う相手なら、相手を傷つけないアプローチを考えることです。

たとえば、相手と親しい兄弟姉妹に情報を得ておく、牧師に相談してアドバイスをもらうなどの事前準備をしましょう。また、相手に交際相手がいたなら、つらいですが、戦わずして負けてよかったと思い、自爆テロを思い留まりましょう。相手に迷惑をかけずにすみますし、導きでないと判明すれば、次の導きに歩み出せるからです。

具体的な最初のアプローチとしては、一対一でなく、複数男女で出かける。まずは、集会や食事の交わりに誘う。そのように探りを入れながら、うまくいかなくても、お互いが傷つかず、その後も、兄弟姉妹として歩めるような「愛において成熟した大人のアプローチ」ができたらいいですね。

どうか、この戒めを胸に、恋愛界のテロ防止にご協力をお願いします。

第七戒「快適な独身生活を送ってはならない」

結婚に際して一番損だと思うのは、男性は「自由になるお金が減ること」で女性は「自由な時間が減ること」なのだとか。そうした損得勘定で考えると、「損をするシステムだから、結婚は先延ばしにしたい」「独身生活をできるだけ続けよう」となるのでしょう。

損得勘定で結婚を考えるクリスチャンがいたとしたら、どうでしょうか。神様が愛の故に「人が、ひとりでいるのは良くない」（創世記二・一八）と思われても、当の本人は「私は、ひとりでいるのが良い」と思っているわけです。自由になるお金と時間があることは、結婚にとって最大の妨げの一つ。独身の快適さが孤独感を大きく上回ってしまうと、本気モードで婚活に向かうモチベー

ションは下がってしまいます。

そこで提案です。まずは「損得勘定」で結婚を考えることをやめましょう。結婚とは相手のために自分を与える世界です。「自分のものが減るから損」と考えるのは、クリスチャンとしてどうかと思います。それは、愛に反する発想だからです。

結婚生活には、「愛の故に与える喜び」、「相手のために生きる豊かさ」があります。クリスチャンであるならば、そうした聖書的な愛がもたらす喜びと豊かさに生きないのは、あまりにもったいないと思うのです。また、そうした愛における未熟さは、周囲の賢明な異性から見抜かれてしまい、いざというときに結婚対象としてもらえません。ですから損得勘定は卒業して、愛する人のために喜んで自分を与えられる幸せな自分にチャレンジしていただきたいものです。

もし、親と同居して食事を作ってもらい、経済的にも依存しているなら考えものです。できれば、食費や家賃を支払うことを勧めます。また親元を離れて一人暮らしをすることも結婚に向かうためにはプラスでしょう。一人寂しく食事をとるような生活は、人が本来は孤独であるという事実を突きつけます。そうです。快適でない独身生活は、結婚に向かうモチベーションを向上させます。

大切なことは、孤独に向き合うことです。ＳＮＳなどで孤独を誤魔化しているなら、一旦手を留めて神様の前に自分と向き合いましょう。孤独は避けるものでも、誤魔化すものでもなく、向き合うものです。孤独に向き合う中で、友だちとのつながりや教会の交わりでは、決して埋めることのできない心の穴を見つけてほしいのです。きっと、その穴の向こう側から、新たな響きをもって「人が、ひとりでいるのは良くない」との語りかけが聞こえてくることでしょう。

第八戒「結婚に至らない交際を長期継続してはならない」

以前「玄関開けたら二分でごはん」というテレビＣＭがありましたが、婚活系クリスチャン女子に私がよくお勧めしているのは、「三十過ぎたら二年でごめん」。

　これは三十歳を過ぎて、特定の男性と交際中なら、二年を期限としましょうというお勧めです。二年ほど交際を継続して結婚の決断ができなければ、「ごめんなさい」と言って関係を解消しましょうという冷酷な提案です。

　想像してみてください。三十歳を過ぎて、特定の男性と三年以上の交際を続けて、結局、結婚に至らなかったとします。その後はどうなるでしょう。別れ

てすぐに、結婚を願うような別の男性と出会えるとは限りません。また、別れた悲しみから立ち直るのにも時間がかかります。そうなると、さらに二年以上を要するかもしれません。この場合、交際期間の三年と次の出会いや立ち直りに要した二年を足すと、五年間もの「婚活空白期間」となります。

この五年間が無駄だとは言いませんが、直接、結婚に結びつかないという意味では「空白期間」だと思うのです。再び本気モードで結婚に向かおうとすると、三十代後半となっています。日本の男性は、年齢が高くなると同年代でなく年下を希望する傾向が強いこと、子どもを授かりたいと願う男性が多いことから、大苦戦を強いられます。

特に、クリスチャン女性が未信者男性と交際しており、「彼を救いに導いてから結婚」と堅く決心している場合は、この第八戒を重んじてほしいのです。救われてから結婚と願うその思い自体は称賛しますし、応援もしたいです。しかし、「彼が救われると信じて祈る」となると、祈りを止めることが不信仰に思えて、待ち望みが無期限となります。

「彼は救われず、結婚もできず」という期間が長引けば、結果的に彼が救われない場合は、その期間がそのまま「婚活空白期間」となってしまいます。これは「婚活系クリスチャン女子あるある」の落とし穴と言えるでしょう。

そこで、私は常々「未信者の彼を導くなら、二年を目途に」「二年経って、ダメそうなら泣いて別れましょう」と不信仰な（？）アドバイスをしています。それは、彼氏が救われる場合は、大抵二年程度だからです。そのころには本格的に求道しているか、信仰決心や受洗に至っています。交際三年以上経過して救われるケースはかなり珍しいです。

恋愛感情の有効期限は二年程度だとも言われます。恋愛感情と共に分泌される脳内物質がときめきやドキドキ感を生み出すのですが、その分泌期間は二年程度なのだとか。この恋愛感情は結婚への起爆剤でもあります。そうなると、結婚を真剣に願い、彼女の信仰を本気で理解しようとする熱意も二年が期限となるのだろうと推測しています。

こうした考察やアドバイスは、人間的で不信仰と受け取られるかもしれません。しかし、考えてほしいのです。愛する人の救いを信じて祈ることは信仰的ですが、その人が救われるかどうかはわからないというのも、聖書的ではないでしょうか。

このパターンで、長い婚活空白期間を過ごした後に別れる女性たちの悲しみ、もはや取り返すことのできない年月を悔やみ、自分を責め、婚活で苦戦している幾多の女性たちを見てきた経験から、これを第八戒として授けます。

第九戒「あなたは隣人の妻・夫のような異性を欲してはならない」

教会に集うクリスチャン女性に「たとえば、どんな男性と結婚したいと思うの?」と尋ねると、「○○さんみたいな人」とか「○○兄弟かな」とよく既婚

男性の名前が挙がります。その方は、しっかりした役員男性や頼もしい信徒リーダー、あるいは愛妻家と評判の兄弟だったりします。男性からはそうした声を聞くことはあまりないのですが、心の中で既婚者であるクリスチャン女性を理想とすることはあるでしょう。

そこで、この第九戒です。本物の第九戒との違いは「のような異性」が追加されていること。ですから、この戒めは、「既婚者クリスチャンを理想としないように」という意味です。

このことは男女共通なのですが、ここでは女性の場合について記しましょう。既婚者クリスチャン男性を理想像とする気持ちはよくわかります。その方が妻を大切にする良き夫であり、教会に誠実に仕え、模範となるような成熟したクリスチャン男性だからです。

しかし、結婚前の段階で「○○さんのような男性」はまずいません。今の○○さんになったのは、おそらく結婚生活中での成長の結果なのです。とりわけ、理想的な既婚者クリスチャン男性の背後には、そのように育てた賢い妻がいるものです。

そうです。結婚前には、「○○さんの卵のような男性」はいますが、「○○さんのような男性」はまずいません。「○○さんの卵のような男性」と結婚しても、あなたが、「○○さんの奥様のよう」でなければ、「○○さんのような男性」にはならないでしょう。つまり「○○さんのような男性」は、結婚前にいるのではなく結婚後に育てられるのです。

実際に、教会の独身女性から理想とされる既婚者男性が結婚前はどうだったかと言えば、意外な事実が見えてきます。「結婚前は頼りなかったけど」「青年時代は心配な人だったのに」。彼を知る周囲からはそんな声が聞こえてきます。次に「結婚して別人のように成長」「いいクリスチャン女性と結婚したから」などの言葉が出てくるのです。

このことは、男性にとっても同じです。理想の結婚相手と思えるような既婚女性の背後には、妻を愛し、安心と自信を与えて成長させてきた夫がいることが多いのです。

ですから、男女とも理想と思える既婚者クリスチャンがいたら、その結婚相手のような自分になることを考えてみてはどうでしょう。結婚後に相手を成長させられる自分になることを独身時代からイメージして、備えてほしいと願います。

また、三章で記したように、「〇〇さんの卵」を見抜くのが「男を見る目」や「女を見る目」です。その目を養いながら、「聖なる婚活」に向かってゆきましょう。

第十戒　「あなたは金銭の用い方を考えなくてはならない」

最後の戒めは、リアルにお金のお話。結婚を願うクリスチャンに結婚支援団体への登録を促すと「登録料が高いから」と否定的な反応をする方がいます。出会いの場への参加を勧めれば、「参加費はいいけど、会場までの交通費が……」と躊躇。その一方で「出会いがない」「いい人がいない」とか言われてもなーと思ってしまいます。

こうした場合、本気で結婚を願っているのだろうかと疑問を抱きます。なぜなら、本気度は「そのことにお金をかけるかどうか」で計られる面があるからです。実際に、本気モードの婚活系クリスチャンは投資を惜しみません。導き

の人との出会いをお金で買うことはできませんが、そのためのサポートは有償で提供してもらうことができます。

各地でもたれる出会いの場には、新幹線や飛行機で駆けつけてくる参加者も少なくありません。私の身近には、結婚前には入会金や紹介料として、結婚後には成婚感謝金として、それなりの金額を結婚支援団体に支払っているクリスチャンカップルが何組かいます。

見ているとやはり、そうした方が結婚に至ることが多いのです。ですから、本気モードの婚活をするなら、「出会いがない」「いい人がいない」などの言葉は捨てて、神様に喜ばれる結婚のために投資をすることも一つの選択肢と言えるでしょう。もし趣味やスマホに月に何万円も使っているなら、それを削ってでも婚活に投資しましょう。家庭の事情などで、経済的に厳しいという方もチャンスはあります。比較的負担の軽い地域でもたれる出会いの場に、信仰をもって参加されることをお勧めします。

一方で、婚活系クリスチャン女子には、お伝えしたいお金に関する情報があります。大人女性向けライフスタイルメディア〝folk〟によれば、独身アラフォー女性が何にお金を使うかと言えば「旅行、ペット、習い事」だそうです。そして、こうしたお金の使い方は、結婚に向かう意欲に影響を与えるのだとか。

三つのための出費自体が悪いわけではありません。しかし、気をつけないと、これら三つには結婚に向かう意欲を阻害し、婚活の本気度を減退させる要素があると思うのです。

旅行は私たちを非日常に導き、さまざまな出会いや経験を与えてくれます。しかし、旅行のもつ非日常性が、将来や結婚などの現実から目を逸らす逃避につながることも。旅行中にふと「結婚したら、こんな風に旅行に行けなくなるんだ」と快適な独身生活への執着心が起こることも。

ペットは孤独を癒してくれますが、逆に孤独に向き合い「一人はよくない」と実感するチャンスを失わせます。人を結婚へと向わせる「孤独のもつエネルギー」を低下させてしまうわけです。

将来や結婚生活に備えて、習い事をすることはよいことでしょう。しかし、習い事で得た達成感が、結婚達成への意欲を低下させるとしたら、どうでしょう。習い事がもたらす自己充足感が、人を結婚に向かわせる「健全な自己欠損感」を感じなくさせるとしたら、それも心配です。

「私、三つともやってるわ」という女性は要注意。マイナス面に留意しながら、この三つへの出費は、婚活の妨げにならない程度に留めておくことをお勧めします。

というわけで、本気モードの婚活は、お金の使い方を変えるものです。本気で結婚を目指すなら、そのための投資は惜しまないこと、それを妨げかねない出費は再検討することでしょう。

第6章 「脳内婚活を後にして、踏み出そう信仰の一歩を」

「脳内婚活」とは

クリスチャンとの結婚を願って祈ること、結婚について信仰的な書物を読むこと、先輩や指導者から学ぶことはとても大切です。それは、結婚に向かう準備となり、将来の結婚の基礎をつくることでしょう。しかし、それが結婚に向かう準備のすべてではありません。

「事件は会議室で起きているんじゃない。現場で起きてるんだ！」とはドラマ「踊る大捜査線」で青島刑事が語った名言。そして、私は言いたいのです。「婚活は脳内で起きているんじゃない。現場で起きてるんだ！」と。

祈りと学びは大切です。でもそれは、いわば「脳内婚活」。もちろん、神様は祈りと聖書の言葉をとおして私たちの思いの世界に働きかけ、私たちを成長させ、結婚に向けて整えてくださいます。しかし、それだけではありません。

神様は祈りと聖書のことばをとおして、私たちの現実世界にも働きかけてくださる方なのです。

スポーツに例えるなら、「脳内婚活」は、「イメージトレーニング」です。それに対して聖なる婚活は「競技」です。祈って、学んで、備えて、待ちの姿勢でいたら、素敵な異性が現れ、不思議なことに結婚に導かれたというようなことは滅多にありません。

実際に一歩を踏み出さないために何も始まらず、脳内婚活中にどんどん悲観的になり、不信仰に陥ってしまうクリスチャンもいれば、一歩を踏み出すことで、脳内婚活と現場での厳しいギャップを思い知らされ、いよいよ本気モードに突入するクリスチャンもいます。脳内婚活に留まるか、信仰の一歩を踏み出すかは、かなり決定的な分岐点となるのです。

このことを福音書風に例えてみましょう。「脳内婚活」は何に例えたらよいでしょう。それは、プールに入らずに泳げるようになろうとしている子どもたちのようです。水着やゴーグルを購入します。洗面器に顔をつけて、水に対する恐怖を克服します。お風呂では、頭まで潜って水中で目を開けてみます。寝る前には布団にうつぶせで寝て、クロールのイメージトレーニングをします。この練習を積み上げた後、自分は泳げるとの確信をもってプールに飛び込みますが、溺れかけて周囲を慌てさせます。このとき、ようやく自分がまだ泳ぐ能力のないことを自覚するのです。

そうです。この章のタイトルである「脳内婚活を後にして、踏み出そう信仰の一歩を」とは、「自宅を出て、水着を着て、飛び込もうプールに」ということです。泳げるようになりたければ、プールに飛び込むことです。クリスチャンとの結婚を願うなら、それを可能とする婚活の現場に飛び込むことです。

「脳内婚活」に留まる危険性

脳内婚活に長期間にわたって留まり続けることは危険です。それは、結婚への道を閉ざしてしまうだけでなく、クリスチャンとの結婚を願っているはずの自分を危険な状態に陥らせることがあります。ときどきお見掛けするのが、以下のような「不信仰サイクル」に入っているクリスチャン女性です。


「また、先を越された」

「クリスチャン男性との出会いがない」

「実際にこれまでなかった」

「きっと、これからもない」

「このままだとクリスチャン男性とは結婚できない」

「未信者の彼氏を作ろうか。いっそのこと未信者と結婚しようか」


私はこのパターンにはまった女性を「焦燥・手つかず系女子」と呼んでいます。焦燥感から、信仰の視野狭窄状態に陥っているのです。これまでクリスチャン男性と出会いがなければ、これから出会えばいいのです。出会いの場に出かければいいのです。出会えるよう紹介をお願いすればいいのです。出会いをサポートする団体に登録すればいいのです。できる努力はいくつもあるのです。

「同僚・後輩が結婚した」↓「未信者と結婚」というのは、かなり飛躍した論理だと思います。それは、「動揺↓不安↓安易な解消」であり、「神様を除外した生理的反応」とも言えるのでは？　一時的にそうなるのは、仕方ないことでしょう。心情的には理解できます。しかし、そのまま不信仰サイクルから「帰らぬ人」となっては、あまりに残念です。

教えられた危険状態の深刻さ

このことを以前、自分のブログに記したところ、一人のクリスチャン女性から応答のメールをいただきました。この体験談にはつくづく教えられました。当人に許可をいただきブログに掲載したものを以下に転載します。

「暑い日が続いていることと思いますが、お元気でしょうか。『脳内婚活シリーズ』、毎回爆笑しながら読んでおります。あまりに納得できる部分が多く、思わず体験談を伝えたくなりメールしてしまいました。私も二〜三年『脳内婚活』状態でしたから。経験者から見て、この『焦燥・手つかず』状態はかなり危険な時期かなと思います。

この時期に、結婚以外の問題（仕事や、健康、家族間など）が重なると、かなりのダメージになるからです。困難が重なり『神様を信じたって何もうまくいかない』『生きていても何もいいことない』という思考に陥ると、孤独感や絶望感から、教会を離れたり信仰や人生そのものを投げ捨てたくなる可能性があるのです。

あるいは、『とりあえず〝結婚〟していればいいじゃないか』と考え出すと、未信者の彼氏どころか〝できちゃった結婚〟に至ってしまう可能性もあります（幸い、私自身はそんな機会はありませんでしたが）。

いずれにしても、独りよがりで突飛な思考になりがちですし、男性からは理解不能なほど感情的で不安定です。ただ、先生のブログにもありましたように、周囲の方の具体的な支援があれば乗り越えられると思います。『祈ってるよ』という言葉とプラスして具体策を提案したり、情報を提供してくださるとかなり効果的です。
私自身は、脳内婚活状態に職場での行き詰まりと妹の結婚が重なり、かなり混沌状態でした。しかし、『良い方がいたら紹介するね』と声をかけてくださったクリスチャン夫婦の方々に助けられ、また自分の環境を整理することで（昨年職場を変えました）この状態を脱することができました」

以上が、脳内婚活に留まりながら、焦燥・手つかず系女子であった経験者の言葉です。焦燥・手つかず状態がここまでの危険を伴うとは知らず、このお便りをいただき、自らの認識不足を恥じた次第です。

「結婚以外の問題の重なりからくるダメージ」
「独りよがりで突飛な思考」
「不信仰で否定的な思い」
「孤独感と絶望」
「教会生活と人生を放棄したくなる思い」

同じような心情は、男性にも起こりうるでしょう。しかし、男性からは理解不能なままでに、不安定な心理状態に陥ることを知らされます。私自身も、男性牧師として「脳内婚活期の女性のこうした心情や葛藤を、当人の側に立って理解しようとしてきたか」と問われるような思いがします。

そのとき、心に浮かんできたのは、未信者との恋愛や結婚を機に教会を去っていった女性たち。そして、思いました。「牧師や周囲が、その女性を孤立させず、愛に満ちた理解と具体的な支援があれば、防ぎ得たケースもあったのではないか」と。

そうした女性たちを「信仰が未熟」「ご利益信仰」「神様を捨てて男を取った」などと安直に評価を下し、すべて当人の責任にしてしまうことなどは、決してあってはならないと思うのです。

この状態を脱することは、当人の力だけでは困難だと思われます。どうか、周囲の方が気づいて、助け、背中を押して、「聖なる婚活」への一歩を歩み出させていただけたらと願います。

痛みの向こうにこそ希望が

クリスチャン男女の出会いの場にお招きをいただくことがときどきありま す。実際にそこに集う方々にアドバイスすることもあれば、マッチングを助けることもあります。その結果、数組のカップルが成立しますが、参加者の多くはカップル成立には至りません。

婚活の現場はまさに「ベテスダの池」です。ヨハネの福音書五章が記すベテスダの池の周りでは、水が動くたびに、最初に池に入った者だけが癒される希望を抱き、それ以外の全員は深い失望に打ちひしがれていったことでしょう。婚活の現場に待ち受けるのは、それと似たある意味残酷な現実です。

それだけではありません。婚活において、具体的努力に踏み出すことは、「本当の自分に向き合う痛み」「ありのままで神様の御前に出る苦痛」「断られて傷つく恐れ」などとセットです。

脳内婚活に留まっているクリスチャンの中には、「決断を先送りにしたくない」「具体的努力を開始したい」と願いながらも、一歩を踏み出せない方が多いようです。その理由の一つは、予想されるさまざまな苦痛にあるようです。しかし、それでは、神様が与えようとしている結婚のチャンスを、自分で放棄していることになりかねません。

紹介してもらった十人のうち、九人目までが結婚に至らなくても、最後の一人と結婚できればいいのです。なぜ、九人目までのプロセスを恐れるのでしょう。二十回お見合いしたとしても、最後の一人が導きと思えたらそれでいいではありませんか。十九回のお見合い失敗は、将来を振り返ったときには、まさに神様が通してくださった道として感謝できるかもしれません。聖なる婚活の世界は、具体的にはこういうことなのです。

そう考えるなら、結婚に至るまでの九人や十九回のお見合いは失敗ですか？いいえ、それは「成功に至るためのプロセス」です。「成功に不可欠であった痛い経験」と言えるでしょう。

ですから、具体的努力に歩み出すことに伴う痛みを恐れるあまり、大切な一歩を躊躇しないでください。「痛いところを通らずして結婚なし」と、覚悟を決めて、信仰をもって脳内婚活を後にしてほしいのです。

痛みを伴うプロセスの意味

では、何のために、神様が痛みを伴うプロセスを通すのかと言えば、それは、結婚に相応しい者へと整えられるためです。神様はその民を愛し、つねに祝福を願っておられます。その神様が意味なく痛みを伴うプロセスを通すはずがありません。

「聖なる婚活」に信仰をもって踏み出したのに、うまくいかない。そのような中で、自分自身が問われます。自分の信仰や神様との関係、結婚観や異性観が問われ、そこに福音の光が差し込み、変えられていくのです。そして、変えられた結果、結婚に至ることが多いのです。逆に、うまくいかないことを親や教会や支援団体のせいにばかりして、自らを省みないタイプは苦戦続きとなります。私はこれまで、クリスチャン青年たちの結婚を応援し、相談を受ける中で、まさにそのことを数多く見せていただきました。

結婚に向けて具体的な努力を始めると、障害として見えてきたのは自分の親子関係。痛みを覚悟でそのことと向き合い、一定の克服をすると、神様が「準備完了」と判断されたのでしょう。やがて結婚へと導かれてゆきます。

ある女性は、初めてクリスチャン男性を紹介され会った後に、ずっと祈り続けてきた結婚相手の希望が一変したと語ってくださいました。きっと、将来の夫像が脳内モードから現実モードに転じたのでしょう。これは彼女にとって、結婚に向けての大きな一歩となったことでしょう。

世間的には条件のよいクリスチャン男性を何人か紹介されても、断わり続けてきたクリスチャン女性。迷いがあったようですが、ついには一周回って「学生時代に学んだ基本」に帰ります。どうも、聖書的結婚観の基本に立ち返って

「どういう男性が本当にいいのか」を考え直したと思われます。その結果、好条件とは言えない方ですが、芯の通った信仰的な男性と出会い結ばれました。

具体的努力を強く勧められたものの、踏み出すまで一年かかり、その間ずっと葛藤してきたという女性。神様から何を問われ、どう取り扱われたのかは知りません。しかし、具体的努力を開始したとき、私の目に彼女の成熟は明らかでした。数年後には、ある集いで夫となる男性と出会います。

ある男性は「結局、自分は女性を性の対象としか見ていなかった」と悔い改めのメールをくださいました。しばらくすると「月並みだけど、共に主を見上げて歩める女性」と希望を伝えるようになり、その後は、私がお手伝いすることなく、出会いが与えられ結婚されました。

お見合いで何度も断られ続けた男性は、「その中で、めきめきと成長しているのが自分でもわかった」と語ります。結婚後には、その挫折経験の連続こそが、結婚に至るには必要であったと振り返っています。

どうか、こうした事例を知って、勇気と信仰をもって、痛みを伴うプロセスに歩み出してほしいのです。その中で、神様からのお取り扱いをいただいて、結婚に相応しい者へと変えられ、準備完了状態で結婚式を迎えていただけたらと願います。

信仰の一歩を踏み出すとき、道は開かれる

「脳内婚活」は良い準備にはなりますが、それによって現実世界に働く神様の業を体験し、結婚に向かうことがありません。その意味で脳内婚活に留まることは、現実世界においては一ミリも前進していないことを意味します。

クリスチャンの異性を紹介されて会ってみる。出会いの場に参加して、そこに集う多くの異性と話をしてみる。そうした具体的な努力をするときに、神様は予想外の方法で結婚に導いてくださることがあります。

よくあるのは、まったくタイプでない異性を好きになり結婚するパターンです。事前の情報ではあまり気の進まない相手です。断ってもよかったのですが、紹介者が強く勧めるので期待しないで会ってみます。すると、なぜか強い好意が芽生えて結婚に至るのです。

ある女性が出会いの場に参加して交際を始めたのは、彼女がこれまで公言していたのとはまったく異なるタイプの男性。周囲は心配し始めます。「どうしたの、大丈夫？」「焦って無理してない？」でも、当人は自分でも驚きながら、その男性に魅力を覚えて、結婚への導きを感じているのです。

出会いの場に参加したものの、カップル成立には至りませんでした。しかし、その場にいた主催者や関係者がそのクリスチャンを高く評価し、ぜひとも力になりたいと願います。そうした方々の助けを受けて、幸いな出会いが与えられ、結婚に導かれるというケースもあります。

一人のクリスチャン女性が所属団体の出会いの場に参加しますが、導きがなく帰ってきます。しばらくすると、一人の男性から結婚を前提に交際を申し込まれます。この男性、実はこの女性に好意を抱いていたのですが、彼女は誰とも結婚する意志がないと誤解していたのです。しかし、彼女に結婚の意志があると知り、具体的行動に出たわけです。

私はこうした事例に触れるたびに、ヨシュア記三章を思い起こします。契約の箱をかつぐ祭司たちの足が水に浸ったとき、ヨルダン川の水はせき止められました（ヨシュア三・一五、一六）。神様のみことばに信頼して、信仰の一歩を踏み出すとき、現実世界における神様の業を体験するのです。

そのことは、ヨシュアの時代のヨルダン川も、現代日本の婚活の現場も違いなどありません。信仰の一歩を踏み出すとき、道は開かれます。まさに、この希望を、クリスチャンとの結婚を願う方々にお伝えしたいのです。

「一歩を踏み出したけど、なかなか道が開かれない」と言う方には、昔、アメリカで見たステッカーに書かれた一文をご紹介します。そこにはこう書かれていました。〝God never close one door without opening another〟（神は、別の扉を開くことなしに、一つの扉を閉ざすことはない)。

クリスチャンに失望はあっても、絶望はありません。一つの道が閉ざされたことは、神様が別の道を開き、導いておられることを意味します。

多くの場合、ヨシュアのように「すぐにその場で」ではなく、忍耐と待ち望みが求められます。一歩を踏み出したクリスチャンのほとんどは、そのことを経験します。ですから、道が閉ざされ続けても、諦めることなくチャレンジし続けてほしいのです。


神様は、聖なる婚活の現場で、時にダイナミックな出会いを備えておられます。神様は、脳内婚活の想定外で働かれるお方です。だからこそ、自分の思いや考えで、神様の働きを限定しがちな脳内婚活の世界は、早く卒業しましょう。そして、神様が想定外で働かれるダイナミックな出会いの世界、聖なる婚活の現場に、歩み出していただきたいのです。

そう、脳内婚活を後にして、踏み出そう信仰の一歩を。

おわりに

「聖なる婚活」の世界はいかがでしたでしょうか？　痛い思いをしたでしょうか？　お役に立てそうでしょうか？　最も有効な婚活は、聖書の結婚観に立って自分を整えることとの確信に立って、具体的かつ積極的な努力を後押しさせていただきました。「地雷踏みまくり」との声もあるかもしれませんが、地雷は小爆発させて撤去するものであり、小爆発なしには、先へと進み得ないことをご理解いただければと願います。

「婚活」をテーマとしながらも、実際のお見合いや出会いの場で役立つアドバイスは記しませんでした。勝負メイクや有効なファッション、異性とのコミュニケーションスキルのアップなどは、一般の婚活関係の書籍やインターネット上の情報をご参照ください。そうした努力も軽んじてはならないと常々感じています。

本来なら、クリスチャンとの結婚を支援する団体や働きを紹介すべきでしょうが、一定の教派色をもつ場合もあれば、残念な評価を聞くこともあり、特定団体の紹介は控えました。インターネット上で検索すれば、多くの団体が見つかりますが、内実が分からず判断に困ることでしょう。私なりのアドバイスとしては、気軽に問い合わせること、そして、何より実際の登録者や出会いの場への参加者に尋ねてみることです。

クリスチャンとの結婚を願いながら、何をどうすればよいかわからず葛藤する青年たち。その結果、有効な努力をすることなく、不本意な独身生活を続けている方々、あるいは、家族や周囲からのプレッシャーもあり、未信者との結婚を選ばざるを得なくなるクリスチャンたち。そうした現状に触れる中で、デリケートなテーマだけれども、聖書の指針や観念論に終わらないリアルな内容を伝えるべきと思い至り、執筆を決意しました。

クリスチャンの結婚を取り巻く状況は、従来とは大きく異なっています。その中にあって、本著が少しでもお役に立ち、主のご栄光のために用いられることを祈りつつ。

水谷　潔

聖なる婚活へようこそ

2019年 3 月20日発行
2020年 3 月20日再刷

著　者　水谷　潔
印刷製本　日本ハイコム株式会社
発　行　いのちのことば社
〒164-0001 東京都中野区中野2-1-5
電話 03-5341-6922（編集）
03-5341-6920（営業）
FAX03-5341-6921
e-mail:support@wlpm.or.jp
http://www.wlpm.or.jp/

ISBN 978-4-264-04034-7